ホーン
『否定の博物誌』の論理

加藤泰彦　著

The Logic of Horn's
A Natural History of Negation

Yasuhiko Kato

はしがき

　否定を対象とした研究には、幸いなことに、高度に専門的なものでありながら、きわめて包括的な基礎文献がいくつか存在する。中でも、イェスペルセンの *Negation in English and Other Languages*（1917）、太田朗『否定の意味―意味論序説』（1980）、ローレンス・ホーンの *A Natural History of Negation*（1989/2001^2）［邦訳『否定の博物誌』（新たな終章を含む）2018］は特に注目される。これらは、いずれも極めて専門的な研究書であるが、同時に、優れた研究書はそのまま優れた入門書でもあることを十二分に示している。

　本書は、Horn（1989/2001^2）を取り上げ、Horn の研究の全体像を紹介するとともに、同書の多くの論点の中から、最も基礎的と思われるテーマをいくつか選び、自由に論じたものである。同書への入門となるとともに、今後の研究方向を考える参考にもなることがあれば、幸いである。

　中心となる第3章から6章は、2005年から2011年にかけて『上智大学外国語学部紀要』に断続的に連載したものである（但し一部改訂を加えた）。同時期に執筆した7章は、日本エドワード・サピア協会の『研究年報』22号（2008）に、またそれに先立つ第2章は『言語』（1991）の「現代言語学の旗手たち」というシリーズに掲載されたものである。冒頭の第一章は、今回書き下ろしたものであるが、本書全体への展望として、そもそもなぜ「否定」なのか、という問いへの回答の試みである。

　本書の構成上、各章に重複部分が多いが、あえてそのままにしておいた。専門家でない方々の理解を助けることにもなるかと思ったからである。特に、初学者の方々からの反応を期待したい。

　このささやかな本が実現することになったのも、多くの方々からのご理解と支援があったからである。はじめに、この20数年間親交を深めて下さった原著者のローレンス・ホーン教授に感謝します。この間の国内外でのいく

つかの企画についてと同様に、今回の各篇についても、毎回鋭いコメントを下さった。さらに、Horn (1989/2001^2) に関心を寄せていた私を、同書の翻訳企画に招いて下さった河上誓作・濱本秀樹・吉村あき子の三氏に感謝します。この共同作業を通して、実に多くのことを学ぶことができた。また、より個人的な面では、故長嶋善郎氏をはじめ、福井直樹、上田雅信、北原久嗣、吉村あき子、日野水憲、加藤ナツ子の諸氏からのいつもと変わらぬ理解とサポートに感謝します。

　最後に、この出版が実現するに当たっては、ひつじ書房の松本功氏からの長年のご理解とご支援なしには、あり得なかった。編集担当の海老澤絵莉氏へと共に心より感謝を申し上げます。

2019 年 2 月

加藤泰彦

目　次

　　はしがき …………………………………………………………… iii

第 1 章　基本的な諸問題 ―なぜ「否定」か― ―――――――― 1
　1.　言語と認知の接点―素地と図形― ………………………… 1
　2.　構造的要因と文脈― 解釈の可能性と特定― ……………… 3
　3.　否定の対象―論理と非論理的特性― ……………………… 4
　4.　否定と経済性 ………………………………………………… 6
　5.　文献 …………………………………………………………… 8

第 2 章　ローレンス・ホーン ―否定の論理と意味― ―――― 11
　1.　否定の世界へのパースペクティブ ………………………… 12
　2.　非論理的推論のモデル ……………………………………… 12
　3.　否定と尺度表現 ……………………………………………… 15
　4.　メタ言語的否定 ……………………………………………… 17
　5.　every と some の非対称性 ………………………………… 19
　6.　おわりに ……………………………………………………… 20

第 3 章　説明の探求 ――――――――――――――――――― 23
　1.　はじめに ……………………………………………………… 23
　2.　原理的説明へ―ミニマリストの視点― …………………… 24
　　2.1　妥当性の階層 ……………………………………………… 24
　　2.2　記述的妥当性 ……………………………………………… 25
　　2.3　説明的妥当性 ……………………………………………… 26
　　2.4　説明的妥当性を超えて …………………………………… 27

2.5　認可条件―原理的説明の可能性― ………………………………… 29
　3.　非論理的推論と経済性―上限規定の含意― ……………………………… 30
　　3.1　記述的・説明的妥当性 …………………………………………………… 30
　　3.2　原理的説明―二項対立モデル― ………………………………………… 33
　　3.3　情報の非対称と経済性 …………………………………………………… 35

第4章　尺度含意の計算 ―――――――――――――――――― 41

　1.　ホーン予想 …………………………………………………………………… 41
　2.　尺度と上限規定の含意 ……………………………………………………… 42
　　2.1　ホーン・スケール ………………………………………………………… 42
　　2.2　上限規定の含意とその消失 ……………………………………………… 43
　　　2.2.1　含意の発生 …………………………………………………………… 43
　　　2.2.2　含意の消失 …………………………………………………………… 44
　3.　尺度含意の特性 ……………………………………………………………… 46
　　3.1　基本問題 …………………………………………………………………… 46
　　3.2　計算の特性―reference-set computation― …………………………… 48
　4.　尺度含意の計算とシンタクス ……………………………………………… 49
　　4.1　派生的アプローチ ………………………………………………………… 49
　　4.2　局所的尺度含意 …………………………………………………………… 50
　　　4.2.1　believe タイプの動詞補文 ………………………………………… 50
　　　4.2.2　文連結子 (sentential connectives) ……………………………… 51
　　　4.2.3　数量詞 ………………………………………………………………… 52
　　4.3　局所的 SI の棚上げ ……………………………………………………… 52
　　　4.3.1　文否定 ………………………………………………………………… 53
　　　4.3.2　条件文の前件 ………………………………………………………… 53
　　　4.3.3　補文をとる動詞類 …………………………………………………… 53
　　　4.3.4　疑問文 ………………………………………………………………… 54
　　　4.3.5　日本語の否定文・条件文 …………………………………………… 54
　　4.4　局所的 SI の再調整 ……………………………………………………… 55
　　　4.4.1　含意の再調整のステップ …………………………………………… 55
　5.　尺度含意と心的処理過程 …………………………………………………… 57
　　5.1　含意発生のメカニズム …………………………………………………… 57

	5.2 言語獲得と言語処理 ································· 58
6.	今後の諸問題 ·· 61
	6.1 Reference-Set Computation (RSC) の位置づけ ······· 62
	6.2 多言語比較の視点 (a cross-linguistic perspective) ······ 63
	6.3 含意の発生とメタ言語否定 ································· 64
	6.4 広域性と局所性 ··· 66

第5章　メタ言語否定 ——————————————————— 71

1.	はじめに ·· 71
2.	基本問題 ·· 73
3.	二類型の対立—「演算子」か「用法」か— ··················· 75
4.	グライスの研究プログラム (Gricean Program) ············· 77
5.	否定と多元システム—提案— ······································ 79
6.	有標性の諸側面 ·· 82
	6.1 否定・肯定の非対称 ·· 82
	6.2 言語獲得 ·· 83
	6.3 言語処理 ·· 84
7.	真理関数と語用論 ·· 85
8.	言語機能の構成とインターフェイス ······························ 87
9.	まとめ ··· 89

第6章　経済性効果 ——————————————————— 91

1.	言語の経済性 ·· 91
2.	基本問題 ·· 94
3.	経済性の二元モデル ··· 95
4.	経済性効果 ·· 97
	4.1 語用論的労力の分業 (the division of pragmatic labor) ······ 97
	4.2 優位性の対立 ·· 99
5.	反経済性効果 ··· 102
	5.1 反経済性の条件 ·· 102
	5.2 非顕在的外部否定 ··· 103

5.3　顕在的外部否定 ………………………………………………… 105
　　5.4　メタ言語否定 …………………………………………………… 106
　　5.5　虚辞否定 ………………………………………………………… 108

第7章　経済性と均衡 —サピア・グライス・ホーン— ── 113

　1.　はじめに ……………………………………………………………… 113
　2.　サピアの(反)経済性 ………………………………………………… 114
　　2.1　主な観察 ………………………………………………………… 114
　　2.2　基本問題 ………………………………………………………… 115
　3.　語用論における経済性—グライスの研究プログラムとその発展— ……… 116
　4.　ホーンの二元モデルにおける(反)経済性 ………………………… 118
　5.　(反)経済性の相関 …………………………………………………… 120
　6.　経済性と外部否定 …………………………………………………… 121
　7.　結論 …………………………………………………………………… 122

　　英文要旨 ………………………………………………………………… 125
　　参考文献 ………………………………………………………………… 131
　　索引 ……………………………………………………………………… 139

第 1 章　基本的な諸問題
　　　　——なぜ「否定」か——

　　　　言語の本質を知るためには、言語がどのようものではないか、そしてそこでは
　　　　何が起らないかを認識することより良い方法はおそらくないであろう。
　　　　　　　　　　　　　　　　　　　　　（Sapir. *Language* 1921: 219 拙訳）

1.　言語と認知の接点——素地と図形——

　否定を取り上げるにあたって、そもそもなぜ否定か、否定はわれわれ人間の心的機能の全体的な理解にどのような洞察を与えてくれるのか、という点について少し考えておこう。まず、否定が日常の言語においてどのように使われているのかを見てみよう。

（１）　ぼく、夏休みに海に行かなかったよ
（２）　あれ、月が二つ出ていない

これらは共に誰にとっても形式的には文法的な文である。しかし、それが自然ないしは適格に使用されるための条件にはかなり特別な制約がある。文(1)を、「こんど夏休みに海に行くんだよ」と前もって話していた友達に伝えたら、「なんだ、残念だったね」とごく自然に会話はつづく。一方、そのことを全然知らない他の人にいきなり伝えたら「えっ、海に行くことになっていたの?」という反応がまず返ってくるであろう。つまり、その場面でのこの発話は不適格か無神経だったということになる。この微妙な、しかしはっ

きりとした違いはどこから来るのか？　答えは自明であろう。

(3)　否定文は、それに対応する肯定の事態についての認識を、その前提ないしは素地として必要とする。つまり肯定を素地（ground）とした図形（figure）である。
　　　　　　　　　　　　　　　　　　　　（Givón 1978, 太田 1980 参照）

　この点は、文(2)においてさらに明らかである。月が一つしかない我々の世界においては、(2)はほぼ完全にナンセンス、つまり不適格文である。しかし、月がいつも二つ出ている世界では、十分に自然な発話であり得る。
　つまり、否定文という言語現象は、その使用については、我々がこの世界をどのように認識しているかということと密接に関係していることが分かる。
　さらに興味深いのは、その素地と図形という認知様式が、反転することがあるという事実である (cf. figure-ground reversal)。
　例えば、暗い夜空を「素地（背景）」として浮かんでいる明るい月は、それ自体「図形」である。しかしその月を「素地」にして、ウサギが（否定的な）影として現れる。つまり、月自体は、夜空に対しては「図形」であり、ウサギに対しては「素地」となる。
　同様に、『不思議の国のアリス』の un-birthday present は、通常の誕生日でない日を「素地」として、誕生日に贈るプレゼントを「図形」としたうえで、その誕生日を「素地」に反転させて、誕生日でない日（un-birthday）に贈るプレゼントを「図形」とするという発想を示す。
　また「優れたパーカッショニストは、一番大事な音を叩かない」（「村上春樹インタビュー」『Monkey』Vol.7, (2015) p.118）では、パーカッションの「音」はそれこそ普段は前景をなす図形となるが、ここではその音を背景（素地）として「無音」が衝撃的な効果（図形）となる。
　このように、否定という言語現象は、なにを「素地（ground）」として、なにを取り立てて「図形（figure）」とするかという人間の最も基本的な認知様式と密接に関わっていることが分かる。否定の解明は、言語システムそれ自

体の解明のみならず、言語とそれを取りまく心的システムとの相互作用の解明に重要な役割を果たす可能性がある。これが、なぜ否定かという問いへの答えの一つである。

2. 構造的要因と文脈——解釈の可能性と特定——

　一般に一つの文の意味解釈の決定には、様々な要因が相互作用をおこしつつ関与してくるが、否定文もその例外ではない。ここでの最も基本的な要因とは、構造的な要因としての作用域(スコープ)と文脈による焦点化(フォーカス)と呼ばれる特性である。具体的な例(4)をみてみよう([…]は文または節の境界を示す)。

(4) [ぼくは [きのう花子が車で大学に行かなかった] と思う]

この文は、補文(内側の埋め込み文)の否定辞がどの語に係るかにより、何通りにも多義でありうる。「行かなかった」と思うといっても「昨日行かなかったのか」「車で」か「大学に」か。しかし、思ったのは「ぼく」ではないという解釈や「思わなかった」という解釈になる可能性はない。

　このように補文の要素と主文の要素を見るとき、補文の否定辞の作用を受ける可能性があるかないかというはっきりとした区別が認められる。一方、補文中の要素は常に否定の作用を受ける可能性があるが、ではそのとき具体的にどの要素が作用をうけるのかを決定するのは、主に文脈上の要因である。車でいったのか電車で行ったのかが問題となっているときに、きのうだったのか、花子だったのか、行ったのは大学だったのか、ということが問題になることはない。この文脈で否定の対象になるのは「車」である。

　以上より、否定文の意味解釈に関わる少なくとも二つの基本的な要因を区別することができる。

(5)　作用域(スコープ)——否定辞の作用が及びうる「構造的な」範囲の規

定
（６）　焦点化（フォーカス）——与えられた「文脈」の中での解釈の特定

　否定の対象（焦点）になるためには、構造的な作用域に入っていることが必要であるが、作用域内の要素はいつでも焦点になることができるわけではない。
　より一般的には、否定は言語機能の中核を占めるシンタクスの構造的要因と、その外側にあり適正な言語運用に欠かすことの出来ない文脈的要因との相互作用を明らかにする上で不可欠な研究領域であることが分かる。これが否定に注目する第二点である。

3.　否定の対象——論理と非論理的特性——

　否定に注目するもう一つの理由は、否定の論理が示す極限までの単純さ（真理値の反転）と自然言語の否定が示すはるかに多様な機能との乖離である。
　否定は命題論理的には、単に真理値の反転——つまり、命題 p が真ならば、その否定の～p は偽、逆に p が偽であれば、～p は真であること——を示すだけである。つまり二重否定が成立する。

（７）　二重否定律：～～ p = p

この特性は自然言語においても成立し、むしろこれが普通の状況かもしれない。

（８）　太郎はこの 10 年間リンゴを食べなかったことはない。
　　　　——毎日欠かさず、食べている
（９）　勝てない相手はいない　　　　（錦織圭、NHK ドキュメント、2015 年 11 月）

しかし自然言語にはこの論理特性を超えた広範な否定の意味・用法が観察される(詳しくは、章末の文献参照)。ここでは一例として「上限規定の含意(upper-bounding implicature)」と呼ばれる現象に関わる非論理的な側面を見てみよう。

一般に、ある言語に含まれる語彙(単語)の中には、特定の性質を共有することにより、独自のグループをなすものがある。その典型がいわゆる量化子とよばれる一群の語彙である。これらは数・量の多少に関わる語彙類であるが、その性質上、ある種の尺度(スケール)を構成する。例えば、

(10) 数量詞スケール
　　　〈全部、大多数、半分、いくつか、少し、一つ〉

ここで、上位(スケール(10)ではより左の表現ないしはそれを含む命題)を p とし、それより下位の表現を q とすると、つぎの含意(推論)が論理的に成立する。

(11) p → q(上位命題 p が真ならば、下位命題 q も真)

「リンゴを全部食べた」(p)ならば、「リンゴをいくつか食べた」(q)が真という含意が成立する。ここで、この含意は一方向であり、その逆は成立しないということが重要である。

このとき「リンゴをいくつか食べた」(q)という発話があったら、「そうか、全部は食べなかったのだな」(〜p)という語用論的な、必ずしも論理的には保証されない含意が通常発生する。即ち、

(12) (論理的に)p → q ならば、(語用論的な含意として)q → 〜p
　　　　　　　　　　　　　　　　　　　　(太田 1980: 198, 378f)

この含意を、上位の要素を含む命題を否定する、ないしは上位の命題に拒ま

れている、という意味で、上限規定の含意 (upper-bounding implicature) と呼ぶ。この含意が語用論的 (非論理的) なものであるというのは、「いくつか食べた」ことと「全部食べた」こととは、なんら論理的に矛盾することはないからである (つまり「いくつか」が成立しても、「全部」を否定する論理的な理由はない)。

　ここで、否定との関係に戻ると、今論じた語用論的・非論理的含意自体が、否定の対象となることがあるという事実がある。

(13)　ぼくはリンゴをいくつか食べたんじゃない、全部食べたんだよ
(14)　きのうの集会にはクラスの大部分の子が来たのではない、全員が来た

通常の (論理的) 解釈では、「いくつか」食べなかったなら多分一つも食べなかった。「大部分」の子が来なかったのなら来たのは数人、というスケールの下位の値に解釈される。しかし、ここでは、スケールの下位の値から発せられる「いくつか→全部ではない」、「大部分→全員ではない」という語用論的含意自体が否定の対象になっている (これはメタ言語否定とよばれる用法の一例である)。

　このケースで明らかなように、自然言語における否定は、真理値を反転させるという単に論理的な機能をもつだけでなく、語用論的な含意をもその対象とし、非論理的な効果をもたらすことも可能にする。論理的には極めて単純な否定が、言語においては多様な機能を果たしていることを示す一例である。

4.　否定と経済性

　最後に「経済性」(economy) の概念について、簡単に触れておく。言語における経済性とは、(a) 言語形式やその派生に関する「簡潔性」、(b) 言語構造の形成やその解釈の過程に係る「最小労力」の操作、また (c) 余計な操作はしないという原則の下での「最終手段」、といったことに関わるものであ

る。いずれも現在のところ直観的な把握の域をでないが、この意味での経済性への指向は、言語のあらゆる側面に及んでいることが認められ、言語のもっとも広域的な原理の一つと言える。

　ここでは一例として「最小労力」(the least effort)をとりあげ、否定の運用に係る語用論の領域で、それがどのような形で現れるのかをみてみよう。

　言語を使用するのは、直接には話し手と聴き手である。そしてこの両者に対して最小労力は異なった現れ方をする。つまり、(15)-(16)のような一見背反し合う要請としてである。そして全体的な制約として(17)の均衡条件が必要になると思われる。

(15)　話し手指向──表現の形式を最小のものとせよ
(16)　聴き手指向──情報内容を最大のものとせよ
(17)　均衡条件　──二つの相反する要請間の均衡を達成せよ

(cf. Grice 1967; Horn 1989/2001^2/2018)

　話者指向(15)は、文字通り、話し手が発話をする(ないしは文章を作る)際のエネルギーを最小限のものとせよという要請である。反対に、聞き手が発話の理解を最小労力で行うためには、充分な情報が与えられることが必要であり要請(16)が成立する。条件(17)が必要であるのは、もし話し手指向(15)だけならば、一言も発しないのが経済的なのに対し、もし聴き手指向(16)だけなら、話者のエネルギー消費を無視して、永遠に話し続ければ良いことになる。どちらも経済性を満たしている状況とは言えない。条件(17)は、(15)-(16)が相互に抑制し合い、均衡を達成することを求める。

　このシステムの有効性を示す領域の一つは、語用論的含意の計算──発話の文字通りの表現から、そこでは明言されていない情報を得る過程──である。例えば前節でとりあげた上限規定の含意(18)とスケール(19)を考えてもよい。

(18)　彼はリンゴをいくつか食べた。そうか、全部は食べなかったんだ

(19) 〈全部 , ..., いくつか , ...〉

　先にも述べたように「いくつか」と「全部」は、(19)のような尺度(スケール)を構成し、「いくつか」ならば「全部」ではない、という語用論的含意を発生させる。では、この語用論的含意はどこからくるのか？
　一つの候補は、上に見た「聞き手指向」の要請(16)である。情報量としては「いくつか」より「全部」のほうが遥かに多い。そこで「出来るだけ多くの情報を与えよ」という要請(16)に従って発話されたはずの「いくつか」が伝えられうる最大値であるならば、それ以上のものではないことが了解される。ここに上限規定の含意が成立する。

　以上簡単に見たように、否定は、言語を構成する基本的な諸要因が複雑に作用し合ういくつかの交点に位置し、経済性をはじめとする諸原理へ広範な経験的基礎を提供する。周知のように、言語は生物学的な種としてのヒトだけがもつ心的システムであり、その性質の解明はわれわれ人間とはどのような存在なのか、われわれを真に特徴づけているものは何か、という根本的な問題の探究に欠くことのできないステップをなす。そして否定という形式を明確にもつのは人間言語だけであることを考えると（確かに、ミツバチなどの交信システムには、現象的には否定表現はない)、否定の諸特性の解明は言語を通しての人間の全体的な理解にとって欠くことの出来ない研究領域といえる。なぜ言語は、そして否定は、上に述べたような特性を備えているのか、その諸特性を（おそらく最適解として）要請している外側の認知機構（インターフェイス）からの条件とはどのようなものか。否定現象の実証的な分析は、極めて多岐にわたる理論的・経験的帰結を将来にわたってもたらすことは確かである。

5.　文献

　ここで、今後研究を進めて行くためにもっとも基礎的でかつ重要な文献を

二つだけ紹介する。

太田朗（1980）『否定の意味——意味論序説』東京：大修館.
ローレンス・R・ホーン（2018）『否定の博物誌』（河上誓作監訳、濱本秀樹・吉村あき子・加藤泰彦訳）東京：ひつじ書房．［Horn, Laurence R. 1989/2001². *A Natural History of Negation*. Chicago: The University of Chicago Press. Reissued by CSLI Publications, Stanford. の増補版の翻訳］

　いずれも本格的な研究書であるが、否定という分野にこのような、他の領域には見られない、包括的な基礎文献が存在することは幸いである。特に、太田（1980）の第一部「方法論」では、否定研究の基礎事項が丁寧に解説されており、初学者には特に参考になる。ホーン（2018）は、否定研究の歴史を古典ギリシャまで遡ると同時に、現代の研究課題をほぼ網羅し、独自の観点から詳細に論じている。

第2章　ローレンス・ホーン
——否定の論理と意味——

　自然言語の意味の論理的、語用論的側面を対象とした研究の中で、ローレンス・ホーン（Laurence R. Horn）の一連の研究は「事実の綿密な観察と、幅広い知識と、鋭い論理的思考に支えられた」（太田 1980: 267）注目すべきものである。ホーンは自らの関心の中心を「伝統的論理学、語彙意味論、新グライス派の語用論および否定の分析の（共通部分ではないにせよ）総和」にあると述べている。また事実観察の面では内省による資料に加えて、多言語・多分野にわたる先行文献や文芸作品などからの多彩で的確な引用が目をひく。論述のスタイルは必ずしも一定の定式化をめざすものではないが、その論証の過程は論理学の深い素養に支えられた極めて精緻なものである。

　ホーンは、60年代の後半にレイコフ（G. Lakoff）やマコウレイ（J. McCawley）によって提唱された自然論理（natural logic）の研究と、自然言語の論理表現の分析から始まったグライス（P. Grice）の研究プログラムに大きな影響を受けた。そして、グライスの理論の中でも特に量の公準による含意の研究を押し進め、論理学・言語学において旧くから繰り返し論じられてきた一連の問題——言語の論理的・非論理的推論にかかわる諸問題——が、この種の非真理関数的な原則を導入することにより解決されることを示した。これはホーンの最も大きな貢献の一つである。またその語用論的研究が言語の論理的、形式的分析を退けそれに代わるものとして提出されているのではなく、自然言語のモデュラー構造の中で真に論理的、形式的な部分とは何かを明らかにしようとする指向をもつものであることは以下に見るとおりである。

1. 否定の世界へのパースペクティブ

　ホーンの関心の中心は、先に述べたように、自然言語における論理要素の意味特性にある。そして数ある論理要素の中でも、論理学上の単純さと統語・意味・語用論的機能にかかわる言語的な複雑さとを最も対照的に示しているのは、否定である。ホーンが否定に対して当初から鋭い関心を示していたのは当然といえる。そしてその一連の考察の集大成が *A Natural History of Negation*（1989/2001[2]: 以下、NHN；邦訳 2018）である。

　同書は否定の観点から、彼自身の 20 年間の研究を再構成し、統合しただけではない。否定及びそこに密接に関わる諸概念の探求の過程を、過去 2500 年間の東西文化における哲学、論理学、精神史、言語学、心理学の諸研究に求めて明確に跡づけ、さらにその主要な問題に対して現代言語学の立場から独自の解答を与えようと試みている。従来否定とその関連現象について多分野で別個に扱われてきた主要な問題全体へのパースペクティブが初めて与えられたといってよい。ただ、生成文法における形式的な統語的・意味的分析についてはごく断片的にしか扱っておらず、この点に関しては太田（1980）と相補的な関係にあることがわかる。

　ここでは NHN の内容に詳しく立ち入る余裕はないが、全 7 章の標題のみを挙げると「古典論理学における否定と対立」「否定、前提、および排中」「有標性と否定の心理」「否定と量化」「反対と矛盾の語用論」「メタ言語的否定」「否定の形式と否定の機能」である。以下では NHN に至るホーンの論考の中から、非論理的推論のモデル、否定と尺度表現をめぐる論理的・語用論的諸関係、メタ言語的否定の三つの問題を取り上げ、ホーンの特質を明らかにしたい。

2. 非論理的推論のモデル

　日常言語によって伝達される意味内容には、各構成素の意味とその構造関係を基に決定される字義通りの意味と、いわゆる言外の意味とを区別するこ

とができる。言語運用の構造を明らかにするためには、後者がどのような原則により算定されるかを明らかにする必要がある。現代言語学においてその解明の端緒を開いたのはグライスの理論(Grice, 1967)である。

　ホーンは当初、グライスの諸原則の中で量の公準を主に援用し、会話の公準の体系全体には手をつけずにいたが、1984年の論文「語用論的推論の新類型にむけて—量および関係に基づく含意」に至ってグライスの体系を全面的に再構成することを提案した。グライスの体系が、その内部の整合性およびその説明能力の両面において問題があることは早くから指摘されており、多くの改訂案が出されてきた。例えば、Harnish (1976) は質と量の公準の統合を試み、Sperber and Wilson (1986) は関連性 (relevance) を説明原理とした体系を提案している。しかし、ホーンのモデルの特徴はむしろすべての公準を単一の原則には還元しない点にある。つまり、グライスの質の公準はそのまま保存し、それ以外の公準を二つの相互に背反する原理に還元する。そしてその相互作用として広範な語用論的推論の過程を説明しようとする。これはその構成と適用範囲の広さとにおいてグライス以降の会話の語用論における最も注目される提案であると言ってよい。その二つの原理をそれぞれの特徴と共にまとめると次頁の(1)のようになる。なお、QとRはそれぞれ量 (quantity) と関係 (relation) の概念を含むことを意味する。またグライスの体系との対応についてはNHNにおける改訂案に従う。

　Q-原理は、話者が発した表現が当該の問題に関して最も情報量が多いものであり、その話者はそれ以上情報量の多い表現を使える立場にはないことを意味する。任意の尺度上の表現 p_i と p_j ($p_j > p_i$) を考えると、Q-原理の下では、少なくとも p_i が成り立つがそれよりも上位にある要素 p_j は成立しないという上限規定の含意 (upper-bounding implicature) が得られる。一方、R-原理に関しては、話者の最小限の発言からより情報の多い、より強い解釈を引き出すことが要請される。これは p_i の発言から p_j ($p_j > p_i$) への含意を意味する。P_j は通常 p_i の意味のステレオタイプ化された部分をなす。間接的発話行為、条件節の誘発推論などがこの類に入る。また、この分析の特徴は二つの原理が相互に規制し合っていることであるが、これはQ-原理だけな

（1）

〈Q-原理〉	〈R-原理〉
できる限り多くの情報を与えよ （質の公準とR-原理の範囲で）	必要以上の情報を与えるな （Q-原理の範囲内で）
特徴： 　聴者の経済性を優先（話者は十分な情報を与えよ） 　下限規定の原理で上限規定の含意をもたらす 典型例：尺度表現 動機：言語的	話者の経済性を優先（言うべきこと以外は言わなくてよい） 上限規定の原理で下限規定の含意をもたらす 間接的発話行為 社会的、文化的
グライスとの対応： 　量の公準「必要なだけ十分な情報を与えよ」 　様態の公準「多義性、あいまい性を避けよ」	関係の公準「関連性をもて」 量の公準「必要以上の情報を与えるな」 様態の公準「簡潔に、順序よく」

らば情報量さえ多ければ関連性を無視して何でも話すことになり、R-原理だけならば一言も口を開かないことになるであろうからである。

　さらにホーンは、上記の2原理の適用を規制するより上位の原理として「語用論的労力の分業（the division of pragmatic labor）」を提案している。

（2）　二つの同延（coextensive）の表現があるとき、より簡潔で（または）より語彙化された形式は、R-原理に基づく含意によって無標の典型化された意味・用法・状況に関連付けられる傾向がある。一方、有標でより複雑、冗長で、語彙化されていない表現は、Q-原理により、無標の形式では伝達されない有標のメッセージを含意する傾向にある。

　この原理は、会話の含意の算定だけではなく、チョムスキー（Chomsky）の代名詞回避の原則、キパルスキー（Kiparsky）の同義回避の原則、サール（Searle）の間接的発話行為、また二重否定、言語変化、全称数量詞と存在数量詞との差異、等の広範な現象の説明に援用される。この点にも従来の諸研究でまったく別個に扱われていた現象の背後に広域の一般性を求めようとす

るホーンの特質の一端が窺われる。

3. 否定と尺度表現

　はじめに述べたように、ホーンの関心の一つは、各種の論理要素を含む文相互の論理的、語用論的関係にある。これは彼が UCLA に提出した博士論文「英語における論理演算子の意味特性について」(1972)以降彼の一貫したテーマの一つである。例文(3)-(6)を考える。

（3） All pleasure is good.
（4） Some pleasure is good.
（5） No pleasure is good
（6） Not all pleasure is good.

　ホーンによれば、これらはアリストテレス(Aristotle)により四つの基本的な論理型として確立され、後に注釈者 Apuleius と Boethius によりいわゆる対等の方形として位置づけられたものである (Horn 1972; 太田 1980、図(7)は Horn 1989: 208 より)。

(7)
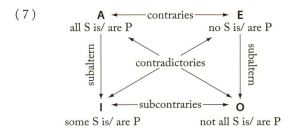

　周知のように、この図における諸関係のうち、AI および EO は論理的含意(subaltern/entailment) AE は反対(contrary) AO および IE は矛盾(contradictory)である。そして従来問題になってきた IO は論理的関係では

なく会話の含意であるというのがホーンの主張である。その証拠は(8)のように同関係は打ち消すことができること、また同関係が論理的なものであるとすると(9)のような矛盾が生じる(太田1980)ためである。

（8） Some of them, in fact all of them, came to the party.
（9） all → some → some not (=not all)

　この対立の方形はホーンの幾つもの関心が集約されている場でもある。例えば、A、I、Eに位置する表現は完全に語彙化されているが、Oに位置する表現は決して語彙化されることがないのは何故か(例えば all / always, some / sometime, none / never, *nall / *nalways)。量化詞、法助動詞などが構成する各々の尺度と同方形とはどのような関係にあるか、反対と矛盾との違いは自然言語にどのように反映されているか、等。

　はじめの語彙化の問題に関しては概略次のように述べる。(a)一般に、語彙化が行われるのは他の要素によって意味が伝えられないものだけである、(b)IとOとは相互に会話の含意により含意される(つまりどちらか一方が余分である)、(c)否定は肯定より有標である。従って、(d)語彙化が阻止されるのは否定の方、即ちOの要素である。同じ否定形でもEのものは語彙化されるが、それはEの要素が一般的な会話の含意により他の要素から推論されることがないからである。

　また尺度表現との関係については、〈all, most, half, many, some〉などの肯定の尺度はAIの軸に、〈none, hardly, any, not half, not all,〉などの否定の尺度はEOの軸にそれぞれ対応づけることができる。これは自然言語における尺度表現が二つの方向性をもつ単一の尺度を構成するのではなく、それぞれが単一の方向性をもつ二つの尺度の対から成ることを意味する。

　尺度表現の意味に関して従来問題とされてきたものの一つに、比較的弱い尺度値(例えば three, some)を含む文の多義性の問題がある。例えば、

(10) He has three children.

(11) You ate some of the cookies.

において (10) は 'at least three' または 'exactly three'、(11) は 'some if not all' または 'some but not all' の二義に解せられる。ホーンは当初からこれらの読みは尺度表現自体のもつ意味的な多義性ではなく、語用論的多義性であるという立場をとってきた。つまり、すべての尺度表現は真理関数的な意味としては下限規定 (at least three / some) の意味だけをもち、もう一方の読みは会話の含意 (Q- 原理) による推論を経て派生的に得られるとする。この立場はその後、右の多義性と否定との分析を通して、否定の機能そのものに二つの類型を認める立場へとつながる。

4. メタ言語的否定

ホーンは 1985 年の論文「メタ言語的否定と語用論的多義性」において否定の一類型としてメタ言語的否定という類を認めるべきことを論じた。NHN の六章はその改訂である。先に見た尺度表現を含む文を例にとると、通常否定は真理関数的に働き、下限の不成立 (less than p) を意味する。ところが、従来断片的に観察されてきたように、先の語用論的推論によって得られる上限が否定される場合もある。

(12) I didn't solve THREE of the problems──I solved ALL of them.
　　　I'm not happy; I'm ecstatic.
　　　I didn't describe the data. I explained it.

ここで（語用論的に）想定されている尺度は〈all, three, …〉〈ecstatic, happy〉〈explain, describe〉である。(12) の否定文はいずれも弱い尺度値をもつ要素を含むが、本来なら矛盾をおこすはずのより上位の要素が成立することが意味されている。つまりここでは会話の含意によって得られる上限規定の含意 (not all, not ecstatic, (did) not explain) そのものが否定されているわけ

である。これは太田（1980）により「繰り返し否定」、Horn（1985, 1989）により「メタ言語的否定」と呼ばれている類型の一例である。他に、二、三の例を挙げると、

(13) John didin't manage to pass the exam. It was quite easy.
(14) The next Prime Minister won't be Heath; it will be Heath or Wilson.
(15) I'm not his daughter——he's my father.
(16) I didn't manage to trap two mongeese——I manage to trap two mongooses.

　(13)では manage の語彙的前提、(14)では論理的推論（MTP，否定肯定式）、(15)では発話の視点、(16)では屈折形態自体が、それぞれ否定されている。いずれの場合も、否定は真理関数的には機能しておらず、対比強勢、否定対極表現［否定極性項目ともいう］の不認可、訂正表現の後続などの一連の特徴を共有する。これらの事実は、否定の一般理論にとっても、また論理形式と語用論との関係についても極めて大きな問題を提起する。
　ホーンは、これらのメタ言語的否定と通常の記述的否定との区別は意味論的なものではなく、語用論的な機能に関するものである、とする。これは(a)先行する発話をその側面のいかんにかかわらず否定する、(b)論理的推論の法則に従わない、(c)他のメタ言語的演算子と共通性をもつ、などの特性からみて自然な結論であろう。また、メタ言語的否定はその分布が限られ、通常の記述的否定の解釈が得られない場合にのみ遡及的に解釈される点でより有標である。
　では、メタ言語的否定を含めて自然言語における否定にはどのような類型を認めるべきであろうか。ホーンは、否定をまず記述的否定とメタ言語的否定に二分し、前者を predicate denial と predicate term negation に分ける。Predicate denial は統語的には助動詞の位置に実現し、叙述の一形式であり、広い作用域をもつ矛盾否定として機能する。predicate term negation は統語的には VP ないしは NP 内の構成素否定として実現し、意味的には狭い作用

域をもつ反対否定として機能する。フレーゲ流の命題演算子としての否定は含まれない。

5. every と some の非対称性

最後に、先に述べた「語用論的労力の分業」の原則の効果の一例として、主語位置における every と some との差異をみてみよう。

(17) a.　Everyone didn't come.
(18) a.　Someone didn't come.

英語の主語位置には否定対極表現が生起せず (*Anyone didn't come)、同位置は通常否定の作用域の外にある。しかし、よく知られているように同位置の数量詞は (17a) のように全称詞の場合には否定される。(18a) のような存在詞は特殊な場合を除いて否定されない。ではこの差異は何に起因するのであろうか。

まず、全称詞の場合も存在詞の場合も〜Q の読みだけをもつ関連表現が存在する。つまり (17a) (18a) にそれぞれ対応する (17b) (18b) である。

(17) b.　Not everyone came.
(18) b.　Nobody came.

さて「語用論的労力の分業」の原則によれば、より簡潔で語彙化の程度が高い形式はより固定化された意味を持ち、より複雑で語彙化の程度が低い形式はそれ以外の有標の意味を担う。

(17) (18) の a 類と b 類を比べると後者の方が語彙化の程度が高い。従って b 類が〜Q の意味——表層の語順を反映する点でも無標——に固定されているのであれば、a 類はその意味を担うことを阻止され、それ以外の Q〜の意味をもたなければならない。ところでこの阻止効果 (blocking effect) の

強さは対立表現の有標性に反比例する。(17b) の not は述語位置にない点においても not every 全体の統語的分布においてもより有標である。従って b 類の中でも完全に語彙化されている (18b) は (18a) が〜 Q の読みを持つことを完全に阻止し、(17b) は (17a) が二義である余地を残す。こうして当初の非対称性が得られる。つまり (17a)(18a) のような解釈の可能性の違いは語用論的に説明されるべきものであり、一般に、論理形式は相対的作用域の決定に関与しない、というのがホーンの結論である。

6. おわりに

　ホーンは、NHN において、否定を軸として自然言語の意味と機能をめぐる広範な領域へのパースペクティブを与えた。その過程で提案された数々の仮説は今までにない語用論的一般化を可能にする方向を示すものである。もちろん、すべての問題をカバーする明示的で、十分な説明力をもった理論が提示されているわけではなく、個々の分析にも数多くの問題が残されている。しかし、本稿で取り上げたテーマ以外にも、意味論的前提の扱い、語彙化と非論理的推論との関係、言語表現の慣習化の問題、プロトタイプの概念等に関するホーンの見解と提案は、今後各分野に大きな影響を与えることになろう。

　語用論の成果は必然的に狭義の文法理論の諸問題、特に語用論とシンタクスの接点である論理形式に関わる問題に影響を与える。every/some の非対称性もその一例である。

　また、記述的な文否定がフレーゲ流の命題演算子ではなく叙述 (predication) の一形式であるというのがホーンの主張であるが、これは最近の IP 分析とどのように関連するか。さらに記述的否定とメタ言語的否定の特性の違いと有標性や習得理論との関係、量化詞や否定対極表現とメタ言語的否定との関係等、多くの興味ある問題が残されている。

　ホーンは目下、NHN において輪郭が示された語用論的推論の二元論的モデルについての著書を準備している。またこの春 (1991 年) CLS で予定され

ている否定に関するパラセッションやベルギーで開催される否定の談話機能に関するワークショップでの発表が予定されている(私信)。自然言語の意味と機能をめぐる探求の今後の展開を期待したい。

ローレンス・ホーン略歴
1945年ニューヨーク生まれ。パリ大学、ロチェスター大学で仏語学を学んだ後、バークレー (1970–1971)、MIT (1971–1972) で言語理論を研究。1972年、UCLA から "On the semantic properties of logical operators in English" により博士号取得。同論文は本稿で紹介した NHN の原型である。イェール大学教授、同言語学科主任教授を経て、現在イェール大学名誉教授。バークレイ、スタンフォードをはじめ国内外の大学や米国夏期言語学会の客員教授を歴任している。

第 3 章　説明の探求

> 人間のコミュニケーション・システムにはすべて、否定の表現形式がある。動物のコミュニケーション・システムには否定的な発話はなく、したがって真理値を付与したり、嘘をついたり、皮肉を言ったり、偽ないしは矛盾する言明を扱うことはできない。人間言語における言語表示のほぼ離散的な特性と動物言語の完全に連続的な仕組みとの違いは、人間言語が否定と対立とを本質的なものとして用いていることから直接に導き出すことができる。
>
> （Horn 1989/2001[2] 序文、p.xiii, 拙訳）

1. はじめに

　ローレンス・ホーンの主著『否定の博物誌』は、否定こそ人間言語の構造と運用とを性格づけるものであるという上述の言明ではじまる。自然言語の特徴はもちろん否定だけではないし、否定がとくに注目されたのもこれがはじめてではない[1]。しかし同書は、その射程の広さと洞察の深さとにおいて、現代の言語研究のなかで極めてユニークな位置を占める。書名からも想像されるように、論述は決して形式化されたものではないが、その思考は形式論理の深い素養に支えられたものである。本稿では、その考察の断片をいくつか切りとり、理論言語学が最近明らかにしつつある方法論的観点からその基本問題を明らかにし、ことばの研究の今後の方向を探る一つの試みとしたい。

2. 原理的説明へ──ミニマリストの視点──

2.1 妥当性の階層

　Horn (1989) における否定とその関連現象の考察に入る前に、一般に、言語研究における「説明」とは何かという問題を、議論の大枠として考えておきたい。紀元前 4–5 世紀のパーニニ (Panini) によるサンスクリット語の研究以来、言語学の長い歴史において「説明」という視点を方法論の中枢にすえてきたのは、前世紀半ばに言語学においてガリレオ的な転換[2]をもたらしたといわれる生成文法理論であろう。同理論のその後の発展は、その各段階において理論検証のための膨大な実証的研究を促し、経験科学としての基盤を築いてきたが、90 年代に至って提唱されたミニマリスト・プログラム[3]に至って、理論の妥当性に関してもまったく新たな水準を問うことが可能になった。

（1）理論の妥当性の階層

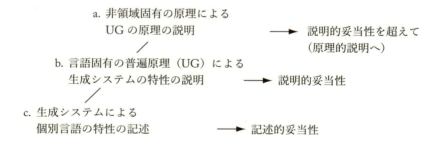

妥当性の程度は、a ＞ b ＞ c である。つまり、理論的には、b は c を、a は b の達成を前提とする（実際の研究は、もちろん各段階を行ったり来たりしながら進む）。なお、(a)(b) における UG (Universal Grammar) とは、自然言語の一般原理からなるシステムをさす。(c) の「記述的妥当性」と (b) の「説明的妥当性」については、生成文法の初期理論 (Chomsky 1955/1956, 1957) および標準理論 (Chomsky 1965) においてはやくから提唱され、その後長く研究全体

の指針になってきたものである[4]。(a)はミニマリスト・プログラム(minimalist program, Chomsky 1993, 1995)のもとで、最近に至ってはじめてその可能性が現実のものとして問われるようになったものである(Chomsky 2001/2004)。

2.2 記述的妥当性

「記述的妥当性」(descriptive adequacy)というのは、当該言語の文法的な文のすべて、しかもそれらのみ、を構造表示とともに生成することが可能なシステム(文法)がもつ特性である。「文法的」であるか否かの決定はまず母語話者の言語直観に依存するが、その直観的判断には言語的要因の他に、それをとりまくコンテクストの影響、各種の暗黙の前提、世界の知識、などさまざまな要因が介在してくる。したがって、話者の素朴な直観と、話者の言語知識のモデルである当のシステムによって決定されるものとが、一見整合しない場合もある。しかし中核部分においては、当該言語の諸特性は同妥当性を満たすシステムによって過不足なく、記述されるといってよい。たとえば、例を一つだけあげると、日本語という個別言語の記述的に妥当なシステムは、(2)(a)–(f)のような事実を適性にとらえるものでなければならない(*は当該の文が非文法的であることを示す)。

(2) シカ-ナイ構文の基本パターン
    a. 花子は小説しか読まない
    b. *花子は小説しか読む
    c. 太郎は［花子が小説しか読まない］と言った
    d. *太郎は［花子が小説しか読む］と言わなかった
    e. *太郎しか［花子が小説を読まない］と言った
    f. 太郎しか［花子が小説を読む］と言わなかった

(2)(a)–(b)の対比が示すように、XP-シカ(XPは任意の構成素)は、文中で否定要素ナイと共起しなければならない(このような要素を否定極性項目(negative polarity item, NPI)と呼ぶ)。これは(a)が(c)のようにより大きな文

の中に埋め込まれても同様である。しかし、(2)(d)–(e)が示すように、文中に否定的な要素がありさえすればいつでも適格というわけではなく、シカとナイとが補文と主文に別れて現れる（つまり、補文境界がその間に介在する）場合には不可となる。ただし、補文境界がある場合でも、シカとナイが(c)のようにともに補文のなかに現れるか、(f)のようにともに主文の中に現れる場合——つまり補文境界が線状的には介在していても、構造的には介在していない場合——には適格である[5]。ここでの記述的一般化はつぎのように述べることができよう。

(3) 記述的一般化
    (i) シカはナイと共起しなければならない（シカは否定文の中にのみ現れる）。
    (ii) シカとナイの間には補文境界が構造的に介在してはならない。

(3)(i)–(ii)の一般化を捉えているシステムは（すくなくともこれらの事実に関しては）記述的妥当性を満たしていると言える。

2.3 説明的妥当性

　記述的妥当性は、当該言語のおよそあらゆる現象に対して(3)に相当する一般化が定式化されなければならないことを要請するものであり、現実にはその達成は（不可能ではないにしても）きわめて困難であることが予想される。実際、従来のあらゆる言語研究をみても、たとえどの一つの言語に対しても記述的妥当性が完全に満たされたと保証される例はないであろう。
　しかし同妥当性の（ある局面での）達成は、問題の解決ではなく、むしろより根本的な問いへ向かう第一歩にすぎない。その「根本的な問い」とは、先のNPIの分析を再び例にとると、(i)日本語のNPIの振る舞いを観察すると確かに(3)のように述べることの出来る一般的な性質がみられる。しかし(ii)これは日本語だけにみられる偶然的な性質なのだろうか。(iii)もしそれが日本語だけでなく全ての人間言語に見られる特性（の反映）であることが事実的

に判明したとして、では「なぜ」人間言語には(3)に相当する性質が見られるのであろうか。

　これらの問いが本質的に要請しているのは、およそあらゆる言語にみられる記述的一般化が、けっして個々の言語の(その時々の歴史的な発展段階の)偶然の産物ではなく、それらが人間言語の普遍的特性の具体的、個別的な現れであることを示すことである。そのときにはじめて、個別言語の個々の記述的一般性が「説明」されたことになる。(3)に再びもどり、日本語のシカが否定極性項目(NPI)の一つであり、ナイがNPIの認可要素(licenser)であると(個別言語内で)指定すると、ここでの普遍的な原理とはつぎのようになろう[6]。

（4）認可原理
　　(i)　認可条件——NPIは適切な認可要素により認可されなければならない。
　　(ii)　局所条件——その認可プロセスは同一節内に限られる。

もしこれらが人間言語一般の特性であり、また日本語という個別言語のシカとナイが該当する要素であることが認められれば、日本語の事実(2)(a)–(f)は、ただ(偶然に)(3)のような性質を示しているのではないことになる。むしろ人間言語の普遍的な特性(4)(i)–(ii)からみて「そのようでなければならない」ということが示された——従って、より深い「説明」が得られた——と考えられる。

　一般に、個別言語における記述的な一般性が、言語一般の普遍性(UGの原理)から演繹的に導かれたとき「説明的妥当性」が達成されたという。

2.4　説明的妥当性を超えて

　原理(4)(i)–(ii)は、従来の否定に関する実証的研究の中で、具体的な定式化はさまざまであるが、広く一般原理として認められてきたものである[7]。しかしここで、先の記述的妥当性への「根本的な問い」をもう一段階

高いレベルで問うことが可能であろう。つまり、(i) 人間言語にはいったい「なぜ」(4) のような原理が働いているのか。(ii) これは人間の精神・脳の機構の中で、言語という一つの領域に固有の特性なのか、それとも (iii) ヒトという生物の他の機能、ないしはおよそ (生物を離れて) あらゆるシステムがもつべき特性の反映にすぎないのか、という問題である。

　この問いは、Chomsky (2004a) によってつぎのようなやや異なった形で提出された。幼児による言語獲得を可能にするための初期条件 (initial conditions) は、(5)(i)–(iii) のような範疇にわかれる。

(5)　(i)　言語機能の初期状態 S_0 の要素で、外からの説明をうけない (言語固有の) もの
　　 (ii)　インターフェイス条件 (S_0 の要素で外部システムによって動機付けられたもの)
　　 (iii)　(システムの) 一般特性

ここで「言語 L の諸特性がインターフェイス条件や計算の効率性といった一般特性によって説明可能であるとき」「原理的説明」(principled explanation) が与えられたという (Chomsky 2004a: 106)、つまり (5)(ii) と (iii) の範疇のみによって説明がなされた場合である。このとき可能な最も強い主張——strong minimalist thesis (SMT) と呼ばれる——は、(6) である。

(6)　(5)(i) は空 (empty) である。　　　　　　(Chomsky 2004a: 106(2)–(3))

この (6) が成立したとき、説明は「説明的妥当性」を超えたことになる。なぜなら従来、UG による説明 (つまり、説明的妥当性の達成) とは、一般的な認知機構の原理やシステム一般の性質だけでなく、言語という領域固有の原理 (したがって、他に還元されたり、他から導出されることのない原理) をも含めた説明をさしていたからである。これらの原理群全体が上述の意味での原理的説明を受け、さらに、そのような原理的説明が可能でない部分は存在

しないと主張されたとき、説明は一気に「説明的妥当性」を超えたことになる。

　SMT は、言語の普遍性の中には言語固有のもの(つまりそれ以上説明を遡ることのできないもの)はない、という主張を含むものであり、極めて斬新的かつ衝撃的なものと認識されなければならない。言うまでもなく「この問題は、すべての点において経験的なもの」(ibid.)であり、当面は実証的研究を進める上での高水準の指針としてその役割を果たしてゆくものと期待される。特に、最近多くの注目を集めている言語の進化論の研究[8]、言語学と他の自然科学との統合の問題[9]を論じる際に、無視することのできないものとなろう。

2.5　認可条件──原理的説明の可能性──

　さて、このような観点から先の原理群(4)(i)–(ii)をみてみよう。予測されるのは、もし同原理が正しい方向を示すものであるならば、それらは言語固有のものではなく、隣接する認知機構とのインターフェイスの特性ないしはシステム一般の条件に還元され、そこから「原理的な説明」を与えられるはずである、ということである。では(4)の場合にはどのような可能性が考えられるであろうか。現時点では、いうまでもなく推測の域をでないが、一つの可能性は(7)のようなものであろう。

(7)　最小労力の原理(the Least Effort Principle)
　　　　　　　　　　　　　　　(cf. Zipf 1949, Horn 1989, Chomsky 1995)
　　　与えられた問題解決のための労力を最小化せよ。

当の原理(4)(i)–(ii)はそれぞれ異なった方向から原理(7)を具現化していると解することができる。まず(4i)は、NPI が(典型的には)否定文に現れること、つまり否定要素と共起することを要求するものである。これは、(特に、日本語のように否定辞が文末にくる言語では)当該の文が肯定ではなく否定文であることを早い段階で明示し[10](Jespersen 1917, Horn 1989)、その情報内容を

より豊かにし[11]（Kadmon and Landman1993）、文処理における含意の範囲を限定する[12]（Dowty 1994）という機能を担う。一方、(4ii) は、文生成およびその処理の範囲を局所的な領域（単一の節内）に限定することにより、計算の効率性を高め、処理労力を最小化しようとするものと解される。もしそうであるならば、原理群(4)は、人間の心的機構全体を支配する経済性原理(7)により動機づけられ、その限りで原理的な説明を得たことになる。

ただし、原理の「動機付け」とその内容の「特定」との間には、少なくとも現時点では、ある種の乖離が存在する。つまり、原理(4)がより一般的な経済性原理(7)により動機付けられているとしても、ではなぜ自然言語では後者が、（論理的に可能な他の形によってではなく）(4)のような形で実現されているのか、という問いである。この問題を解消するためにはインターフェイスの条件を細部まで経験的に特定することが必要であり、この点でまったく新たな次元での実証的研究が要求されているといえよう。

以下では、妥当性の階層(1)を言語研究が達成すべき目標として仮定し、否定とその関連現象の分析を基礎として、その可能性を探っていきたい。

3. 非論理的推論と経済性——上限規定の含意——

妥当性の階層は元来、狭義の言語機能（つまり構造の構築にかかわる計算系）を対象としたものであった。しかしその対象をより一般化し、同プログラムの洞察とその基本的な方法を、（狭義の）言語に隣接する概念系をも含む広義の言語機能[13]、さらには言語運用の領域にも適用することは、可能であろう。以下では、言語運用と言語理解にかかわる語用論の領域における原理的説明への指向とその可能性をみてゆく。

3.1 記述的・説明的妥当性

一般に、文（ないしは発話）の意味には、二つの側面を区別することができる。(i) 各構成要素の意味とその間の構造関係により決定される「合成的」(compositional) な意味 (Frege 1919/1977; Horn 1989; Heim and Kratzer 1998; Fodor and

Lepore 2002) と、(ii) その他の非合成的な意味 (イディオム、語用論的含意、等) である。以下で扱うのは、(ii) の非合成的な意味のうち語用論的含意 (pragmatic implicature) とよばれる側面である (なお、この種の含意をも合成的に計算する最近の試みとして Chierchia (2004) を参照)。

　語用論的含意は、文 (または発話) の表現から各種の「非論理的な推論」(non-logical inference) を経て導出されるものであるが、その派生の過程はけっして恣意的なものではなく、一般的な原理に支えられたものであることがすでに多くの研究により明らかにされてきた (Grice 1967, 1989; Horn 1972, 1989, 2005; Sperber and Wilson 1986, 1995; 太田 1980、等)。特に、Horn (1972, 1984, 1989) は、数量詞、否定、各種の程度表現などのいわゆる尺度表現 (scalar expressions) を含む文がもつ含意とその推論過程を明らかにしている。例として (8)–(10) をみてみよう。< ... Qi ... Qi ... > は各種の表現による尺度 (scale) を表す (Q は任意の尺度表現で右方がより上位)。これらは一般にホーン・スケール (Horn Scale) と呼ばれる。

(8)　< one, ... , ten, ... fifteen >
　　a.　Ten students passed the exam.
　　b.　No more than ten (ex. Not fifteen) students passed the exam.
　　c. # Fifteen students passed the exam.
(9)　< some, many, all >
　　a.　Many students attended the talk this afternoon.
　　b.　Not all the students attended the talk this afternoon.
　　c. # All the students attended the talk this afternoon
(10)　< pretty, beautiful >
　　a.　She's pretty.
　　b.　She's not beautiful.
　　c. # She's beautiful

(8)、(9) のスケールはそれぞれ数詞、量化子を構成要素とするものであり、

(10)は語彙自体の意味によるスケールである。スケールの成り立ち方はさまざまであるが、共通しているのは、いったんスケールが成立すると、それぞれのスケールのもとで「中間的ないしは弱い（下位の）尺度表現」を含む(a)の文が発話されたときには、通常「より強い（上位の）尺度表現」について成立する(c)ではなく、「より強い（上位の）尺度表現の否定」である(b)のような含意が、いわば言外の意味として発生するという事実である。例えば(8a)「10人の学生が合格した」といえば通常、(8b)「合格したのは10人以上ではない」という含意が生ずる。しかも注目すべきは、もし実際に(8c)のように「15人が合格した」という状況で(8a)「10人が合格した」と発話したとしても、それは偽にはならないということである。しかし明らかにそのような発話は「適切」(felicitous)ではない。

　ここでの「弱い（下位の）表現を含む立言（qとする）」から「より強い（上位の）表現を含む立言（pとする）の否定」を表す含意を導く（非論理的な）推論の過程はつぎのようなものであろう。

(11)　上限規定の含意(upper-bounding implicature)
　　　< ... q ... p ... > のとき
　　　(p ⊃ q) ⇒ (q → ～p)　　　　　　　　　　（太田 1980: 378）

つまり、同一のスケール上にある二つの量化表現が与えられたとき、上位の量化表現を含む文(p)が下位の表現を含む文(q)を論理的（語用論的）に含意するならば、q（という発話）はpが成立しないことを語用論的に含意する。

　ではこの種の含意は、先の「妥当性の階層」の観点から（類推的にみると）どのように位置づけられるであろうか。確かなのは、同含意とその推論過程が、例としてあげた英語や日本語という個別言語において成立する（したがって当該言語における「記述的妥当性」を満たす）だけでなく、言語の類型をこえて普遍的に成立する原理、さらには「説明的妥当性」を満たす可能性もあるもの、ということであろう。では、人間言語一般において、(11)が成立することを要請しているより上位の原理（つまり説明的妥当性を超える

原理）は、この場合どのようなものであろうか。

3.2　原理的説明——二項対立モデル——

　ここで一旦、尺度表現を離れ、語用論的含意（言外の意味）が一般にどのような原理群によって計算されるのかをみてみよう。この問題は、Grice (1967) のハーバード大学での連続講義にはじまり、新グライス (neo-Grician) 学派や関連性理論 (Relevance Theory) の誕生をうながし[14]、現代の意味論・語用論研究の中核をしめるテーマになってきたことは周知のとおりである。Grice 自身の当初の関心は、論理学における基本的な演算子（∧,∨,¬,⇒）とそれに対応する自然言語の表現 (and, or, not, if) との特性の違いをどのように説明するかということであった。結論は、その差異は見かけ上のものにすぎず、自然言語の表現自体は論理的演算子と同一の意味をもつだけであり、その論理的な意味と自然言語の会話全体を支配している原理（公準）群との複合効果として、同差異が派生的に説明される、というものであった。特に注目を集めたのは、そこで提案された個々の公準が予想に反しておどろくほど単純なものだったことである (Grice 1967, 1989)。

(12)　Grice のシステム
　　　a.　協調の原理 (Cooperative Principle)
　　　　　会話の目的、方向から要請されるように会話上の貢献をせよ
　　　b.　会話の公準 (Grice 1967)
　　　　　(i)「質」（会話への貢献を真となるものにせよ）、(ii)「量」（十分な情報を与えよ / 不要な情報は与えるな）、(iii)「関係」（関連性をもて）(iv)「様態」（明確であれ）　　　　　　　　　　　(Grice 1967, 1989)

(12a) は基本原理であり、同時に対象とする領域を明示的に限定するものである[15]。同原理は、(b) の四つの公準として具体化される。これらは、Horn (1989: 193) がすでに述べているように「すべての理性的 (rational) な交渉がその基礎とする一般的でおそらく普遍的な」ものであると考えられる。

会話の各種の含意がこれらの公準群からどのように派生されるのかという問題はそれ自体実証的に検討されなければならないが（詳しくは、太田 1980; Horn 1984, 1989、等参照）、ここでのより基本的な問題は、これらの公準はいったい何を指し示しているのか、その背後のより根本的な要請とはなにか、という点であろう。公準の類型化の問題をとりあげた Horn (1984, 1989) の考察は、この点について一つの洞察に富む方向をしめしたものと考えることが出来る。彼によると、Grice の公準群は、二つの相対立する原理に振り分けることができる[16]。Horn (1989: 197) はそれを先駆者の名を冠して「ジッフ・グライス的な二つの力の対立」(the opposition of the two Zipf-Gricien forces) と呼ぶ。その骨格を示すと次のようになろう。

(13) Horn のシステム
 a. 聞き手指向の「量」の原理
  (i) 十分な（できるだけ多くの）情報を与えよ
  (ii) 下限規定の原理（→上限規定の含意）
 b. 話し手指向の「関係」の原理
  (ii) 必要な（最小限の）表現をせよ
  (ii) 上限規定の原理（→下限規定の含意)　　(cf. Horn 1989: 194)

これらは、先にも述べた「最小労力の原理」(7) の現れである (ibid. 192f)。聞き手側の処理労力を最小にするためには、できるだけ多くの十分な情報が必要である。これは「それ以下ではいけない」という意味で下限規定の原理であり、できるだけ多くの情報をあたえたのであるから「それ以上ではない」という上限規定の含意が派生する。一方、話し手側の発話労力を最小にするためには、必要以上の表現を発しないことが必要である。これは「それ以上ではいけない」という意味で上限規定の原理であり、最小限の情報は与えたのだから「それ以下ではない」という下限規定の含意を発生させる。これらはその効果において互いに相反するものであるが、同時にお互いの適用を規制するものでもある（さもなければ、無限に多くの情報を与え続ける

か、逆に一言も発しないという事態だけが生じることになろう)。

　Horn (1989) はこの二項対立モデル (the dualistic model for non-logical inference) により、代名詞や空所化の解釈、語彙化、史的変化、否定解釈の様相、格のシステムの諸特性など広範な言語現象が説明されることを詳細に論じているが、その一つが、先にとりあげた尺度表現の語用論的含意 (11) である。つまり、複数の表現が同一の尺度にのっている場合、より上位の項目を含む表現のほうがより下位のものを含む表現よりも情報量が多いことは明らかである。このとき、より下位の表現(を含む文)を発すると、量の原理 (13a) によって、それが可能な限り強い言明であると解釈され、その結果「それ以上ではない」つまりより上位の表現(を含む文)が成立しないという含意が発生する。つまり先の (11) は、それ以上遡ることの出来ない原理ではなく、聞き手指向の(経済性)原理から実際の会話の運用にみられる個々の現象にいたる説明の過程の中で、いわば中間的な「定理」として位置づけられるべきものである。尺度表現の含意 (11) が言語固有の原理であるとすると、ここにもう一つの、説明的妥当性を超えた例を見たことになる。

　ここで注目されるのは、会話の公準が言語固有のものではなく、人間の「協調的な」行動一般の原理であるという可能性が当初から Grice 自身 (1989: 28) により認識されていたことである。さらに Horn (2005) は、上の二項対立モデルを一般化して「十分に行え」(Do enough)、「過剰に行うな」(Don't do too much) とし、これらは「目的指向の合理的な行動一般を統制する」(to govern ANY goal-oriented rational activity) ものであると述べている。つまり、二項対立モデルの中核をなす量の公準は「労力の消費を規制する合理性に基づく制約の言語的現れ」(ibid.) であるという可能性である。しかし、これらの認識は現時点では未だ、研究プログラムの形に昇華されるに至ってはいない。

3.3　情報の非対称と経済性

　二項対立モデルを構成する「量」の原理 (13a) と「関係」の原理 (13b) とが、最小労力原理 (7) の「現れ」(instantiation) であると上に述べたが、この

「現れ」は決して単純なものでも直接的なものでもない。では両者を仲介している要因とはどのようなものであろうか。まず、(13a)と(13b)には「十分 vs. 必要」「最大 vs. 最小」という対比のほかに「情報量 vs. 表現(形式)」という違いが認められる。話し手指向の原理は、情報量の多少にも関わるが、その主眼は同じ情報を伝えるならば最小の表現をせよ、というものである。典型的には、いわゆる間接的発話行為 (indirect speech acts) がここに含まれる[17]。

　この情報量の多少および量と形式への重点の置き方の違いは、結局は、発話に対する話し手と聞き手との関わり方の違いに起因すると思われる。話し手は同じ情報内容を最小の表現形式で伝えようとするのに対し、聞き手にとっては発話を解読するに際して、その情報量がもっぱら問題となるからである。これは情報の送り手と受け手との役割の違い、つまり情報の流れの方向に起因する非対称であると考えられる。もしそうであるならば、この領域で「説明的妥当性を超える説明」を可能にしているのはつぎの二つの要因ということになろう。

(14) 原理的説明の構成
　　(i)　最小労力の(経済性)原理　(= 7)
　　(ii)　情報の流れの非対称

これらは言語という領域固有の特殊性であるとは考えられず、さらに情報の流れの一般特性ということが問題になるのであれば、およそ生物界に限定されたものではないという可能性もある。経験的にどのような演繹的説明が可能になるのか、今後の課題としたい。

　最後に、二項対立モデルに関して、最小労力のもう一つの現れをみてみよう。問題は、同モデルが二つの相反する原理からなる以上、実際の適用に際してはその「対立を解消する」(Horn 1989: 197) なんらかの仕組みが組み込まれていなければならない、ということである。ホーンが提案しているのは「語用論的労力の分業」(the division of pragmatic labor) とよぶ、一種の

Elsewhere Condition である。その骨子は、より簡潔な表現は「関係の原理」（13b）によって無標の、固定化された意味に結びつき、より複雑な表現は「量の原理」（13a）を介して、それ以外の有標の意味に結びつく傾向がある、というものである (ibid., 197)。例えば、Can you pass the hot sauce? と Do you have the ability to pass the hot sauce? とが与えられたとき、より簡潔な前者は依頼という固定化された意味に結びつき（間接的発話行為）、後者はそれ以外の文字通りの意味に結びつく傾向がある。では、なぜ（その逆ではなく）このような対応関係が実際にみられるのであろうか。それは、ある与えられた文脈の中で最小の表現から適正な意味を読み取ろうとすれば、それは必然的に余計な計算をしなくて済む固定化された意味が選ばれる、ということであろう。このときの必然性を保証しているのが、経済性原理である。二項対立モデルは、その構成だけでなくその適用においても、経済性に支えられていると考えられる。

このように「説明」とはどうあるべきかを問う妥当性の階層 (1) は、理論的にも実証的にも、言語研究の在り方にまったく新しい局面をもたらすものと言える。同時に、そのような試みがすでに、否定とその関連領域においてなされていたことは注目されてよいであろう。

注

1 太田(1980)、Horn(1989)およびHorn and Kato(eds)(2000)の巻末の文献を参照。伝統文法による先駆的な研究としては Jespersen (1917)、また日本における最も包括的な研究として太田(1980)を参照。
2 "the Galilean revolution" (Chomsky 2004b, p.94)。ガリレオの方法の科学史上の特徴については Chomsky (2002)の第 2–3 章、および Ueda (2005)を参照。
3 Chomsky (1995, 2004a, 2005a)等、および本章 2.4 節参照。
4 幼児の言語獲得の観点から見ると、UG はその初期状態についての理論であり、個別文法は安定状態についての理論である。つまり、説明的妥当性は初期状態についての理論が満たすべき要請であり、記述的妥当性は安定状態についての理論

が満たすべき特性である。この限りで、二つの妥当性の区別は明確に存在する。しかし、初期状態であるにせよ安定状態であるにせよ（あるいはその中間のさまざまな段階を考えても）それらはみな（可能な言語としての）「心的状態」である。実際「言語機能はいつくかの状態をもつだけである」（Chomsky 2002: 131）といえる。そこで、「ミニマリストの諸条件は、初期状態もふくめて、言語機能のすべての状態で満たされなければならない」（ibid., p.130）と仮定する。つまり「すべての［心的］状態において、インターフェイスにおける無限の解釈可能性（infinite legibility at the interface）が、最適なかたちで満たされなければならない」（ibid.）と仮定すると、もはや初期状態と安定状態の区別も、またそれに応じて説明的妥当性と記述的妥当性との区別も、本質的なものではないことになる。これは、「S_0［初期状態］ではすべてのパラメータが無標の値にセットされており」したがって「それぞれの状態は（S_0 も含めて）可能な（I-）言語である」（Chomsky 2004a: 104）という見方を含意する。この観点から、従来仮定されてきた理論的な枠組み（特に、UGの理論的位置づけ）をもう一度再検討することが必要になると思われるが、本稿では従来の二つの妥当性を認めた上で、考察をすすめる。

5 ただし、以下では論じないが、(2d) のようにシカとナイとの間に「構造的に」補文境界が介在していても、文法的であるケースもある。例えば、(i), (ii) のようにいわゆる形式名詞の補文（[ ] で示す）を含む構文である。
   (i) ぼくは［そのことを花子にしか話す］つもりはない
   (ii) 太郎はいままで［数学しか教えた］ことがない
他の例および同現象の一般的特性については、Kato (1985: 161–179), Kato (1987) を参照。

6 任意の要素が NPI であるか否か、およびその認可要素であるか否かは、個々に指定されるべきものではなく、なんらかの一般特性に基づいて予測されるものでなくてはならない。認可要素については、その類が downward entailment（上位集合からその部分集合への推論が可能であるもの）という論理・意味特性によって特徴づけられることが Ladusaw (1979) により明らかにされた。その後の進展とその批判的検討については、van der Wouden (1977)、吉村 (1999) 等、参照。

7 Horn and Kato (eds, 2000) 所収の諸論文を参照。

8 言語の起源、進化については、ミニマリスト・プログラムの観点からも多くの論考が発表されつつある。Hauser et al. (2002), Fitch et al. (in pres)、等参照。

9 言語理論を自然科学の中に統合する可能性については、"unification problem" としてChomsky 自身もはやくから考察をすすめている。Chomsky (2000) の諸編、参照。

10 否定文であることをなるべく早く示す傾向（特に、否定辞がその焦点に先行する傾向）は "the Neg First Principle" と呼ばれる。Jespersen (1917)、Horn (1989: 446) を参照。

11 NPI が文の情報内容を豊かにするとは、例えば、"I don't have potatoes." よりも "I don't have any potatoes." のほうが「たとえどのようなものであれ」という含意を含む点でより強い主張をしている、ということである。Kadmon and Landman (1993) 参照。

12 NPI はなんらかの認可表現を必要とするが、認可表現はすべてその語彙特性として downward entailing (DE) の含意が成立するコンテクストを要求する。したがって、NPI を含む文を処理していくときには、文が潜在的にもちうる可能な含意の中から、DE が成立するものだけを解釈の候補として選べばよいことになる。その限りで文処理の負担が軽減される。Dowty (1994)、加藤 (1998) 等参照。

13 「狭義の」言語能力 (the faculty of language in the narrow sense) とは、回帰性 (recursion) に基づく言語の計算系 (シンタクス) をさし、「広義の」言語能力 (the language faculty in the broad sense) とは、概念・意図系や知覚・運動系をも含めた言語システムをさす。Hauser et al. (2002) 参照。

14 新グライス派については Horn (1989, 2005)、関連性理論については (Sperber and Wilson (1986, 1995[2]) を参照。両理論はともに Grice (1967) に端を発するが、相互の交渉がなく研究がすすみ、両者の比較検討の試みが始まったのはごく最近になってからである。この点については、Saul (2002) および Horn (2005) を参照。

15 ゲーム理論 (Game Theory) などがはやくから対象としている非協調的 (non-cooperative) な領域はここには含まれない。ゲーム理論を語用論研究へ適用しようとする試みについては、Benz et al. (eds., 2006) 等を参照。

16 この還元主義は、すべての公準を「関係の公準」に還元しようとする関連性理論においてより強い形で現れているとも言える。しかし同理論が、実際に単一の原理に支えられたものであるか否かについては、より厳密な検討が必要である。特に、Sperber and Wilson (1986) の第二版 (1995) の "Postface" (pp.255–279) を参照。

17 例えば「窓を開けられますか？」という最小の疑問表現をもちいて、それよりも情報量の多い「依頼」を表す。間接的発話行為については、Austin (1962)、太田 (1980: 225f) 等、参照。

第4章　尺度含意の計算

> 含意が成立するためには、当の尺度表現が論理的に埋め込まれていてはいけないというわけではない。ある種の論理子の下に埋め込まれていなければよいのである。(…)それは、尺度を反転させる否定や他の論理子(…)つまり下方伴立の一群の論理子である。
> (Horn 1989/2001[2]: 234 拙訳)

1. ホーン予想

　数量や各種の程度差を表わす語彙類を尺度表現とよぶ。これらの表現は通常、上限規定の会話の含意(upper-bounding scalar implicature、後述)をもたらすが、この含意はある限られた環境の下でその発現が阻止ないしは棚上げされる。一方、否定極性項目(negative polarity items, NPIs)とよばれる一群の要素は、否定を中心とする特定の環境の下でのみその生起が認可される。この時、これら二つの現象を条件付けている環境はおそらく同一であり、それはいわゆる下方伴立(downward-entailing)[1]が成立する領域であるというのが Horn(1989: 234、上記引用)の予想である。

　もしこの予想、つまり「通常の尺度含意は any のような要素[即ち、NPIs]を認可するまさにその文脈において組織的に取り消される」(Chierchia 2004: 40)というのがもし事実であるならば、なぜそのようなことが起こるのかが説明されなければならない。含意を計算するシステムと NPI を認可するシステムが連動しているようにみえるのはなぜか。両者を統制している基本原理があるとすればそれはどのようなものか。これらの問題が明らかにされれば、含意と否定極性という従来別々に研究されてきた現象への本質的な

理解が大きく進展することは確かである。

そのためには、なによりも双方の仕組みがまず明らかにされなければならないが、本稿では「尺度含意の計算」の問題に焦点をあて、基本的な諸問題を考察したい。はじめに、尺度の概念とその尺度上に定義される上限規定の含意について簡単にまとめておく。

2. 尺度と上限規定の含意

2.1 ホーン・スケール

人間言語を構成する一つ一つの語彙の性質は多様を極めるが、必ずしもそのすべてがばらばらに存在しているわけではない。特定の語彙の間に相対的な関係が存在することは、各種の量化ないしは程度を表す一群の語彙に明らかである。これらは、どの言語においても（普遍的に）、第3章でもふれたホーン・スケール（Horn scale）と呼ばれる尺度を形成する。(1)(a)–(d)はそれぞれ、基数、数量詞、形容詞、論理子からなる尺度である。

(1) a. < fifteen, ten, five >
    b. < all, almost, many, some >
    c. < superb, excellent, very good, good >
    d. < and, or >　　　　　　　　　　　　　　　　　(Horn 1972, 1989)

これらの尺度を成立させている言語的・認知的要因とはどのようなものか、また尺度という（少なくとも）二つ以上の語彙の間に成立する情報は言語システム内のどこに、どのような形で記載されるべきか、といった問題は未だ一般的な形では解決されていない。ただこれらの尺度に共通してみられるのは、尺度の上位の位置を占める項目（ないしはそれを含む命題）とそれより下位の項目（ないしはそれを含む命題）との間に、一方向の非対称的な論理的含意（unilateral/asymmetrical entailment）が成立するという点である。これはこの種の尺度の定義そのものの一部といってよい[2]。たとえば(1b)の尺度を

例にとると、

（2）a. All of the students passed the exam.
　　 b. Some of the students passed the exam.

より上位の要素 all を含む命題 (2a) が成立すれば、下位の要素 some を含む命題 (2b) も必ず成立する。しかしその逆は成り立たない。同様に、(1d) を考えると、

（3）a. John ate apples and grapes.
　　 b. John ate apples or grapes.

より上位の and を含む (3a) が成立すれば、下位の or を含む (3b) も必ず成立するが、その逆は成り立たない。ここでの上位・下位という関係は、結局は情報量の多少（ないしは強さ）を表すといえる。即ち、

（4）尺度 < … p … q … > において、p は q を非対称的に論理的に含意する。このとき、p は q より上位にあり、情報量が多い（ないしはより強い）項目であるという。

2.2 上限規定の含意とその消失
2.2.1 含意の発生

　上述 (4) のような尺度が成立するとき、(5) のような尺度含意 (scalar implicature) が発生する[3]。

（5）尺度 < … p … q … > において p ⊃ q が成立する。
　　 このとき q → 〜 p 　　　　　(Horn 1972 [1976]: 39; 太田 1980: 198, 378)

つまり上位項 p が存在するとき、それより下位の q を含む文を発話するこ

とは、上位のpを含む文が成立しないことを会話的・語用論的に含意する。たとえば、先の(2)と(3)を考えると、(2a)(3a)はそれぞれ(2b)(3b)を一方向的・論理的に含意する。このとき(2b)と(3b)は、それぞれの上位項の否定を含む(2c)と(3c)を、会話的・語用論的に含意することになる[4]。これを上限規定の尺度含意(upper-bounding scalar implicature)とよぶ。

（2）c. Some, but not all, of the students passed the exam.
（3）c. John ate apples or grapes, but not both of them.

この背後にある原理は、Grice (1967)の量の公準ないしはHorn (1984, 1989)のQ-原理である(前章参照)。つまり「できるだけ多くの情報を与えよ」という要請(聞き手指向の経済性原理)の下で、情報量が少ない下位の(つまり論理的に含意される側の)表現を発することは、それより情報量の多い上位の(つまり論理的に含意する側の)表現が成立しないことを意味するからである。

　では、尺度含意の成立条件は(5)のようなものであるとして、当の含意そのものはどこから生じるのであろうか。この点については最近Reinhart (2006: 283f)によってとりあげられるまで、従来明確にされてこなかったが、Grice (1967)以後のいわゆるneo-Gricean program (Horn 1984, 1989, 2004; Levinson 2000; Chierchia 2004、等)での前提は、この種の含意は各尺度表現の内在的意味の一部として常に発生し、(他にそれを妨げる要因がなければ)そのまま存続するというものである。つまり、(5)はいわばdefaultのケースを述べたものであることになる。

2.2.2　含意の消失

　では、尺度含意の発生が阻止される、ないしはすでに発生している含意が棚上げ(suspend)されることは実際にあるのであろうか。先に見た弱い尺度値のsomeとorの場合をみてみよう。

（6）a.　Paul ate some of the eggs.
　　　b.　Paul did not eat all of them.
　　　　　= It is not the case that Paul ate all of them.
（7）a.　It is not the case that Paul ate some of the eggs.
　　　b.　It is not the case that it is not the case that Paul ate all of the eggs.
　　　c.# He ate all of the eggs.　　　　　　　　　　　　(Gazdar 1979: 56)

通常の単文(6)では、先の(2)と同様に、some は not all を含意し、それは文否定(6b)として表現される。では、(7a)のようにはじめから文否定の中に埋め込まれた場合はどうであろうか。もし含意が成立していれば、(7b)のようになり、論理的に等価な(7c)が成立することになる。しかしこれは事実(直観的判断)に反する。このことは(7b)のような含意が成立していない(棚上げされている)ことを示す。同様に、

（8）a.　Sue met Hugo or Theo.
　　　b.　Sue didn't meet both of them.
　　　　　= It is not the case that Sue met both of them.
（9）a.　Sue didn't meet Hugo or Theo.
　　　　　= It is not the case that Sue met Hugo or Theo.
　　　b.　It is not the case that Sue met Hugo or Theo but not both.
　　　c.# She met both.　　　　　　　　　(adapted from Chierchia 2004: 48)

通常の単文(8)では、(3c)でみたように、or は but not both を含意し、それは文否定(8b)として表現される。そこで、(9a)のようにはじめから文否定の中に埋め込まれた場合を考える。もし含意が発生しているとすると(9b)のようになり、(9c)が成立するはずである。しかしこれは事実に反する。このことは、(9b)のような含意が発生していない(ないしは棚上げされている)ことを示す。

　このように、通常(default 値として(5)のように)発現する上限規定の尺度

含意は、少なくとも文否定の作用域(まさに、NPI 認可の典型的な環境)において、取り消されるのである。

3. 尺度含意の特性

3.1 基本問題

上限規定の尺度含意(scalar implicature, SI)に関するこのような状況が与えられたとき、解明すべき基本的な問題は、次のようなものであろう。

(10) SI の特性解明のための基本問題
 (i) SI は、各尺度表現の内在的意味の一部なのか、あるいは文脈により派生される特性なのか。
 (ii) SI の計算は、どのような操作(群)によって行われるのか。
 (iii) SI の計算は、文法のどの部門で行われるのか。特に、シンタクスの計算系と概念システムとどのような関係にあるのか。
 (iv) SI の不在(阻止ないしは取り消し)をもたらすメカニズムはどのようなものか。
 (v) SI が発生しない(ないしは取り消される)環境は、本当に NPI の認可環境、即ち下方伴立(downward-entailing)の文脈と一致するのか。
 (vi) SI 不在の環境と NPI 認可の環境が一致している場合、その根源的な理由は何か。
 (vii) これらの点について、言語間のばらつきはあるのか。
 (viii) SI の諸特性は、言語獲得や言語処理(processing)において明らかにされてきた諸事実とどのような関連をもつか。

これらの諸問題は相互に深く絡み合っていて、一つ一つを切り離して論じることはできない。ここでは、以下のような視点から全体の状況を把握することを試みる[5]。

・内在特性(inherent)vs. 文脈派生(context-driven)

　上述(10i)の SI が各尺度表現に内在的なものであるか、文脈から導かれるものかという問い(Reinhart 2006: 275f)は、SI 不在のケースがどのように導かれるかという問題(10iv)に直接に影響を与える。SI の不在は、もし SI が内在的意味ならば、棚上げないしは取り消しという操作の結果ということになり、もし文脈により派生するならば、発生自体が要請されない(ないしは発生操作の不適用の)結果ということになろう。また操作適用の有無(ないしは回数)が発話の処理時間に影響を与える[6]とすると、これらの仮説は、(10viii)の言語獲得ないしは処理の実験結果との整合性により検証することも可能性になる(後述)。

・局所的(local)vs. 広域的(global)

　(10ii)の SI の計算の方法に関してもっとも基本的な問題は、それが局所的(そして、おそらく循環的)に行われるのか、構造全体を見て広域的におこなわれるのかという問題であろう。そしてこの点は、その計算がシンタクスの派生の過程で構造をつくりながら行われるのか、あるいはシンタクスの表示ができあがってからその表示全体に対して適用されるのかという次の問題と密接に関わる。

・派生的(derivational)vs. 表示的(representational)

　(10ii)の計算法に関するこの対立は、最近の Chierchia (2004) の研究により先端の研究課題となった。つまり、シンタクスによる構造の構築とそれに伴う合成的意味の計算が終ったあとで、SI の計算が始まるのか(表示的アプローチ)、あるいはそれらの操作と平行して派生の過程で SI の計算も同時に行われるのか(派生的アプローチ)、という問題である。これはまた(10iii)に述べた SI の計算が言語システム全体のどこで行われるのか(計算系の中か、概念系とのインターフェイスにおいてか)という問題でもある(後述)。

3.2　計算の特性──reference-set computation──

　SI の計算は、reference-set computation (Reinhart 2006) とよばれる計算の特性をもつ。これは「当該の reference-set の中から最適なものを選択する」(ibid., p.13) 一種の最適選択 (optimality selection) の操作である。ここには、すくなくともつぎのようなステップが含まれる。

(11)　(i)　現行の派生ないしは表示に対して、もう一つの選択肢 (alternative) となる派生ないしは表示を構築する。
　　　(ii)　その派生・表示と現行の派生・表示を比較する。
　　　(iii) なんらかの基準にもとづいて、最適なものを選択する。

SI の計算においても同様である。例えば、先の (2) と該当する尺度を例にとると、

(12) < all, some >　　　　　　　　　　　　　　　　　(= (1b) の一部)
(13) a.　Some of the students passed the exam.　　　　(= (2b))
　　 b.　選択肢 : All of the students passed the exam.　　(= (2a))
　　 c.　含意 : It is not the case that all of the students passed the exam.
　　 d.　Some, but not all, of the students passed the exam.　　(= (2c))

弱い (下位の) 尺度値 some をもつ (13a) が発せられたとき、尺度 (11) をもとに、より強い (上位の) 値をもつ文 (表示)(13b) がもう一つの選択肢としてつくられる。これら二つを比較し、強い方の表示を否定する。その結果、SI として (13c) が得られる。その SI を含む (13d) は、もとの (13a) より多くの情報を含むので適正な SI として認可される。この最後のステップは概略「SI を含む表示は、もとの表示より情報量の多い (より強い) ものでなければならない」(cf. Chierchia 2004: 62) という条件による。この点については以下で検討する。

4. 尺度含意の計算とシンタクス

4.1 派生的アプローチ

　Chierchia (2004) は、尺度含意の計算に関してまったく新たな、洞察にとんだ提案を行っている。その中心テーマは、はじめに述べたホーンの予想に対して具体的な回答を与えることであるが、以下では含意に関する側面だけをとりあげる。

　提案されている理論の特徴は、上記 3.1 で述べた区別からみると、(i) 内在的(inherent/default)、(ii) 局所的(local)、(iii) 派生的(derivational)である。(i) の下で、特定の環境における含意の不在は、棚上げ(suspension)―より正確には再修正(recalibration)―として捉えられる。具体的には、

(14) (i) SI は局所的に導入され、上方へ投射される。(…) SI は回帰的計算(recursive computation)により部分的に導入(factored in)されていく。それは、論理形式を作り解釈する標準的な計算とパラレルなものである。　　　　　　　　　　　　　　　　　　　　　　(p.91)
　　 (ii) 回帰過程の任意の段階ないしは位相(phase)においてそれら二つのシステムは原則的に相互に、相手のシステムのすぐ直前の位相の結果に、アクセスすることができる(ただし、アクセスできるのは結果にであって、内部操作にではない)。　　(p.93)
　　 (iii) 尺度含意(scalar value)をもった命題は、論理的意味(plain value)だけをもつ命題より弱いものであってはならない。
　　　　　　　　　　　　　　　　　　　　　　　　(強化条件、p.62)

このうち (iii) は、派生の特定の段階で発現した SI を認可する条件として働く。同条件を満たさない SI はその段階で排除(棚上げ)される。

　このアプローチは、言語機能全体の構成にも根本的な影響を与える。従来の一般的な枠組みでは、語用論的な計算は、シンタクスの操作と文全体の合成的(真理関数的)な意味の計算がすべて終わったあとで、その結果にも

とづいて行われると想定されていた。しかし、上述の提案が正しければ、SI は、文全体の真理関数的意味が決まってからその計算が始まるのではなく、真理関数的意味が部分的に決まっていくのに連動して構成素ごとに計算されていくことになる。SI の計算も、真理関数的な意味と同じように「標準的な意味的回帰特性（semantic recursion）をそのまま反映する形で」（p.40）合成的（compositional）に行われるのである。これは、語用論的計算と（狭義の）文法的計算が相互に入り交じって行われること、また両者は基本的に同じ特性をもつこと、を意味する。シンタクスと語用論のインターフェイスに対するまったく新しい見方が導入されたことになる。

では、この派生的アプローチはどのような経験的事実に立脚しているのであろうか。根拠の中心となるのは、(a) 局所的な（ないしは埋め込まれた）構造から SI が発生すること（embedded SI の存在）、(b) 局所的に生じた SI が特定の領域で棚上げされることがあること、(c) 棚上げされた SI が特定の論理子と作用し合い、あらたな意味を派生することがあること、である。以下順にみてゆく。

4.2　局所的尺度含意

もし従来仮定されていたように、SI（ないしは語用論的含意一般）が広域的に計算される——つまり文全体の（真理関数的な）意味が決まってから計算される——のであるならば、局所的に埋め込まれた構造から発生する（ないしはその部分的な構造的だけに対応する）含意は存在しないはずである。しかし、Chierchia によると実際には次のようなケースが観察される[7]。

4.2.1　believe タイプの動詞補文

もし SI が補文レベルで導入されるならば、(15) は (16) のような SI をもつ。一方、もし SI が主文レベルで導入されるならば、(15) の適正な（より強い）選択肢は (17) であり、その SI は (18) となるはずである。

(15)　John believes that some students are waiting for him.　　(= Chierchia's (12))

(16) John believes that not every students are waiting for him. [= local SI]
(17) John believes that every student is waiting for him.
(18) It is not the case that John believes that every students is waiting for him.
 [= global SI]

ここで(18)は(16)よりもはるかに「弱い」。(18)は(16)と矛盾はしないが、(16)のように「すべての学生が待っている」という可能性をJohnが排除していることにはならない。これはsomeがもたらす含意(not all)を実質的に棚上げしているのと同じであり、事実に反する。つまり、(15)が(18)を含意する——即ち、SIが主文レベルで導入される——という仮定は、事実と整合しない。

4.2.2 文連結子(sentential connectives)

もしSIが局所的に導入される(計算される)のであれば、(19)は(20)のようなSIをもち、これは直観に一致する。このときの局所計算の派生は(21)のようになろう。

(19) (Right now) Mary is either working at her paper or seeing some of her
 students. (= his (21a))
(20) Mary is either working at her paper or seeing some (though not all) of her
 students. [=local SI]
(21)

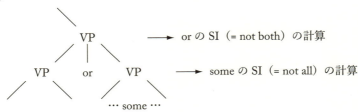

一方もしSIが広域的に計算されるのであれば、適正な選択肢は(22)であり、当該のSIは(23)のようになる。

(22) Mary is either working at her paper or seeing all of her students.
(23) It is not the case that Mary is either working at her paper or seeing all of her students.　　　　　　　　　　　　　　　[=global SI]

しかしここで(23)は最初の等位項の否定——即ち、Mary is not working at her paper——を論理的に含意するが[8]、(19)はそのような含意はもってはいない。つまり、広域的な含意の計算は事実と整合しない。

4.2.3　数量詞

もしSIが広域的に計算されるのであれば、(24a)の問に対する(24b)のSIは、(25)である。これは(26)と論理的に等価であるが、これは事実と反する。

(24) a.　How did students satisfy the course requirement?
　　 b.　Some made a presentation or wrote a paper. Some took the final test.
　　　　　　　　　　　　　　　　　　　　　　　　　　　　(= his (23b))
(25) It is not the case that some made a presentation and wrote a paper.
(26) No students whatsoever both wrote a paper and presented it.

このように、SIの計算に関する従来の広域的な分析ではこれらの諸事実を適性に扱うことはできない。

4.3　局所的SIの棚上げ

先に、弱い尺度表現(some, or)のもつ含意が否定の作用域の中で棚上げされることをみた(以下の4.3.1に再録)。ここでは、orの場合に限定して、さらに他の例をみてゆく[9]。

4.3.1 文否定

(27) a.　It is not the case that Paul ate some of the eggs.　　　　　　(= (7))
　　 b.　It is not the case that it is not the case that Paul ate all of the eggs.
　　 c. # He ate all of the eggs.　　　　　　　　　　　　(Gazdar 1979: 56)
(28) a.　Sue didn't meet Hugo or Theo.　　　　　　　　　　　　(= (9))
　　　　 = It is not the case that Sue met Hugo or Theo.
　　 b.　It is not the case that Sue met Hugo or Theo but not both.
　　 c. # She met both.　　　　　　　　　　(adapted from Chierchia 2004: 48)

先に述べたように、これらは、some → not all, or → not both という含意がそれぞれ文否定の作用域の中で取り消されることを示している（2.2 参照）。

4.3.2 条件文の前件

(29) a.　If Paul or Bill come, Mary will be upset.
　　 b.　If Paul and Bill both come, Mary will be upset all the more.
　　 c. # But if Paul and Bill both come, Mary won't be.

　　　　　　　　　　　(Chierchia 2004: 51; (b) は本文より引用)

(29a) からの自然な予測は (29b) であって、(29c) ではない。ところが、もし (29a) のような前件の中で or の排他的含意 (not both) が発生しているとすると、事態は逆になるはずである。このことは、(29a) において not both の含意が取り消されていることを示す。

4.3.3 補文をとる動詞類

(30)　dubitatives: doubt, deny
　　 a.　John doubts that Paul or Bill are in that room
　　 b. # He doesn't doubt that Paul and Bill both are.
(31)　predicates of minimum requirement: be enough, suffice
　　 a.　It's enough to know Italian or French (to be admitted to the program).

b. # It's not enough to know both Italian and French.　　（Chierchia 2004: 51）

もしこれらの動詞の補文の中で or の排他的含意（not both）が成立しているとすると、or の上位項である and を含み、かつその全体を否定している上述の (b) タイプの文はいずれも自然な文脈を構成するはずである。しかし事実はその逆である。このことはこれらの環境においても含意が取り消されていることを意味する[10]。

4.3.4　疑問文

(32) a.　Did John or Paul arrive?
　　 b.　Did John or Paul but not both arrive?
(33) a. # No, they both did.
　　 b.　Yes, they both did.　　　　　　　　　　（Chierchia 2004: 54）

(32a) が (32b) のような含意をもつならば、(33a) のような No による答えはもっと自然になるはずである。しかし二人とも来た場合に、Yes の方が自然であるということは、(32a) において not both の含意が成立していないことを示す。

4.3.5　日本語の否定文・条件文

　尺度含意の計算に含まれるスケールの概念は通言語的に成立するのであるから、当然日本語においても同含意は成立するはずである。日本語については後にすこし触れるが、ここでは否定分裂文と条件文における棚上げの例だけをみておく。

(34)　否定分裂文
　　 a.　さっき注文したのは、［コーヒーかケーキ］ではない。
　　 b.　両方（何も）注文しなかった。
　　 c. # 両方注文した

(35) 条件文前件
　　a.　もし［ジョンかポールを見かけ］たら、知らせてください。
　　b.　両方見かけても知らせる。
　　c.#両方見かけたら知らせない。

　もし(34a)において否定の作用域内にある「コーヒーかケーキ」が「両方共注文した場合は除く」という not both の含意をもつならば、その含意が否定されて(34c)は自然な文脈を形成するはずである。しかし(34c)が可能なのはいわゆるメタ言語否定（後述）の場合だけである。同様に(35a)において条件論理子の作用域内にある「ジョンかポールを見かけたら」の部分が「二人とも見かけた場合を除く」という not both の含意をもつならば、(35c)は自然なコンテクストとなるはずである。これらはいずれもわれわれの直観的判断に反する。このことは(34a)(35a)の［　］内の表現が、これらの文脈では上限規定の尺度含意をもっていないことを意味する。

4.4　局所的 SI の再調整

　以上の観察は、(i)尺度含意が局所的に導入されること、および(ii)導入された含意が DE 要素の下に埋め込まれると、それが取り除かれること、を示している。しかし、Chierchia は DE 環境において実際におこっているのは、含意の単なる取り消しではなく、(iii)「含意がある意味で再調整される (recalibrated)」(ibid., p.55) と述べている。この点をしめす例として否定文脈をとりあげ、その派生を詳しくみてみよう。

4.4.1　含意の再調整のステップ

　ここで例として(36a)の含意である(36b)の派生を考える。この含意が成立することは、もしこの含意を否定しようとすると、(37)のように in fact ないしは actually といった明示的に含意の取り消しを合図する表現が必要であることより明らかである[11]。

(36) a.　No one read many papers.
　　　b.　Someone read some papers.
(37)　No sudents read many papers. *(In fact/actually) no student read any paper.　　　　　　　　　　　　　　　　　　　(Chierchia 2004: 56)

含意(36b)の派生のステップは(37)のようになるのではないかと思われる (Chierchia 2004: 56f の記述を補い再構成した)。

(38)　派生過程
　　　(i)　尺度表現 many を含む VP の形成
　　　　　[_VP read many papers]
　　　(ii)　スケール < all, many > に基づく(直接的)含意の派生：
　　　　　(many → not all)
　　　　　[_VP read many but not all papers]
　　　(iii)　DE 特性を持つ主語の導入
　　　　　No one read many (but not all) papers.
　　　(iv)　DE 論理子 no one による含意の取り消し
　　　　　No one read many papers.
　　　(v)　DE 論理と元々の尺度表現の相関による新たなスケールの形成：
　　　　　(not... some → not... many)
　　　　　< no student read some paper, no student read many papers, no student read every paper >
　　　(vi)　このスケールの中間項に対応する(36a)による新たな(間接的)含意の派生
　　　　　¬ no student read some paper
　　　　　= Some student read some papers.　(=(36b))

もしこの派生が正しいとすると、通常のスケール(38)(ii)により発生した(直接的)含意は、(iii)で DE 特性の主語の作用域に入ることにより、いったん

取り消される。しかし、再び DE との相関により新たな選択肢 (v) がつくられ、そのスケール上で新たな (間接的) 含意が発生し、最終的に (36b) が得られることになる。

このような、(i) 局所的含意の発生、(ii) その取り消し、(iii) 新たな (合成的) 含意の発生、という現象は、たとえ広域的なアプローチと整合するケースがあるとしても (同アプローチに 4.2 でみたような基本的な問題がある以上)、局所的なアプローチへの強い証左となるといえる。

5. 尺度含意と心的処理過程

では、ここで 3.1 節の基本問題 (10)(i) に再びもどり、尺度含意の計算はそもそも何によって、どのように誘発 (trigger) されるのか、またその誘発要因を特定する直接的な経験的事実とはどのようなものかを考えよう。現時点でこの問題を検討する際に特に注目されるのは Reinhart (2006、5 章) による尺度含意の言語獲得と言語処理に関する実証的論考である。彼女は、(i) 言語と概念系とのインターフェイスにおいて、reference-set computation (RSC) という広域的な特性をもつ計算が行われていること、(ii) Chierchia のとりあげている含意計算は RSC 特性をもつこと、しかし (iii) Chierchia の分析は RSC 一般に成り立つ経験的な事実と整合しないこと、を論じている。以下、この点を検討する。

5.1 含意発生のメカニズム

含意計算の誘発要因については、(少なくとも理論的には) 以下のような二つの可能性を考えることができる。(39) は Chierchia (2004)──(39i) については、neo-Gricean の枠組み一般──の前提であり、一方 (40) は Reinhart (2006) が示唆する可能性である。

(39) Chierchia (2004)──lexical-driven/default theory

(i) 尺度含意は（関連するスケールとともに）、個々の尺度表現の内在的意味特性に起因する。
　　　(ii) 同含意は（最終的に成立するか否かにかかわらず）、尺度表現が派生に導入された段階で、常に自動的に計算される。
　　　(iii) したがって、同含意の不在は「棚上げ」という消去操作がさらに適用された結果である。
（40）Reinhart (2006) ―― context-driven / last resort theory
　　　(i) 尺度含意は（尺度表現の内在特性ではなく）、文脈（context）の諸要因に起因する。
　　　(ii) 同含意は、なんらかの文脈的要請があったとき ―― 即ち、同含意なしにはインターフェイスの条件を満たすことができないとき ―― にのみ計算される。
　　　(iii) したがって、同含意の不在はその計算が行われなかった結果である。

ここで、もし後者 (40) の可能性がなんらかの経験的事実により独立に支持されるならば、今までみた Chierchia の派生理論はその根拠を失うことになる。そしてそのような事実が実際に存在するというのが Reinhart (2006) の主張である。

5.2　言語獲得と言語処理

ここで再び、or のもつ排他的含意 (exclusiveness; but not both) の発生と不在について考えてみる（以下の (41)–(43) は、Reinhart 2006, (116)–(119) を再構成したものである）。

(41) a.　Every boy chose a banana or a strawberry
　　 b.　Every boy (λx (x chose a banana or a strawberry))　　　<plain value>
　　 c.　Every boy (λx (x chose a banana or a strawberry and ¬ (x chose a banana and a strawberry)))　　　<scalar value with exclusiveness>

(42) a. Every dwarf [who chose a banana or a strawberry] received a jewel.
　　 b. Every dwarf (λx (x chose a banana or a strawberry) (x received a jewel)) 　　　　　　　＜scalar value cancelled = plain value＞
　　 c. Every dwarf (λx (x chose a banana or a strawberry and ¬ (x chose a banana and a strawberry) (x received a jewel))) 　　＜scalar value＞
(43) 強化条件 (Strength Condition)
　　 尺度含意をふくむ意味 (scalar value) は、論理的意味 (plain value) より弱くなってはならない。　　　　　　　　　　　　(Chierchia 2004: 62)

強化条件 (43) の下で (41)–(42) をみてみると、(41) では (c) の scalar value の方が (b) の plain value よりも強くなり、(43) を満たす。逆に、DE 文脈である every の制限領域では、(c) の scalar value は (b) の plain value よりも弱くなり、(43) に違反する。したがって、後者においては尺度含意が取り消される。この計算の過程は Chierchia の分析のもとではつぎのようになろう。

(44) (41) と (42) に共通のステップ
　　 (i) plain value の計算
　　 (ii) (上位項 and を含む) 選択肢 (... and ...) の形成
　　 (iii) (上位項 and を含む) 選択肢の命題部分の否定 (¬ (... and ...))
　　 (iv) plain value と scalar value とを含む命題との比較・評価 ß 強化条件
　　 (v) plain value と (iii) との併合
(45) 含意の取り消しのために (42) がさらに必要とするステップ
　　 (i) plain value に追加された含意部分 (¬ (... and ...)) の削除 ß 強化条件

Chierchia の分析の下で予測されるこの派生が正しいとすると、尺度含意を伴う (41) の方が尺度含意が不在の (42) より短い計算過程ですむことになる。また強化条件の適用も、前者では一回だけだが、後者には二回必要である。これを心理言語学的に解釈すると、尺度含意を伴う (41) の方がより短

い過程からなり、言語処理的に余分な負担をかけずにすむことになる。したがって含意のない(42)よりも処理時間が短く、また正誤判断等の正解率が高くなることが予測される。

　一方、Reinhart は、尺度含意に関する最近の心理言語学的な実験結果としてつぎの二つをあげている (いづれも真偽判断を問う実験である。詳しくは Reinhart 2006: 275–278、参照)。

(46)　or の plain value (非排他的読み) と scalar value (排他的読み) についての正解率(%)
　　　成人　plain (95.5)　　scalar (100)
　　　幼児　plain (91.6)　　scalar (50)　　　(Chierchia et al. 2001; Gualmini et al. 2001)
(47)　some のもつ含意 (not all) についての正解率(%)
　　　成人　　—　　　　scalar (92.5)
　　　幼児　　—　　　　scalar (52.2)　　　　(Papafragou and Musolino 2003)

ここで注目されるのは、幼児は、(i) plain value の解釈に関しては成人とほとんど変わらない正答率を示すが、(ii) scalar value の解釈に関しては50%台のいわゆる偶然の結果 (chance performance) を示していることである。この点について Reinhart はつぎのような仮説を提出する。

(48)　言語獲得における50%台の反応結果は、言語処理上の破綻を示めす。つまり、計算を行うために必要とされる能力 (resources) が、幼児が使用できるワーキングメモリを超えていることを示めすものである。
　　　　　　　　　　　　　　　　　　　　　　　(Reinhart 2006: 275)

つまり、SI 計算のメカニズムおよび諸原理は生得的に与えられているが、それを行使するためのワーキングメモリがいまだ未発達であるために、幼児は含意の処理に困難を覚えるという見通しである。仮説(48)が正しいとすると、Chierchia のアプローチは直ちに次のような問題に直面することになる

(cf. Reinhart 2006: 281–282)。

(49) (i) 幼児にとって、含意を処理することが問題になるのはそもそもなぜか。逆に、
(ii) 幼児にとって、含意が取り消される DE コンテクストにおける計算にはなんの問題も生じないのはなぜか。

(i) については、もし Chierchia の言うように含意の計算が選択肢の局所的な評価だけを含むものであるならば、幼児には（通常の処理と同様に）何も問題は生じないはずである。逆に (ii) については、DE 文脈における計算は含意をもつ派生にその取り消しの操作が加わったものである。したがって、含意をもつ派生に生じた問題はそのまま DE 文脈にも当てはまるはずである。

これに対して、もし Reinhart のいうように含意の計算がコンテクストからの要請を満たすために last resort として適用されるのであるならば、(49) (i)(ii) のような問題は生じない。先の (41) では、コンテクストが含意計算を要請しており、幼児はその計算に困難さを示す。一方、(42) の DE コンテクストではなにも含意の計算を誘発しない。したがって含意計算は行われず（幼児は論理的意味 (plain value) の計算は効率よく行いうるので）、なんら問題は生じない[12]。つまり「尺度表現は、含意を伴わない場合には、なんの処理上の問題もひきおこさない」(同、p.288) のである。また成人の言語処理においても、含意が活性化されると、その誘発要因を含む文の処理時間が大幅に長くなることが報告されている (同、p.238)。

これらの言語処理上の証拠は、含意の計算がそれを要請するなんらかの文脈的理由があるときにのみ行われることを示している、というのが Reinhart の結論である。

6. 今後の諸問題

以上、尺度含意の消失と NPI 認可の環境をめぐるホーンの予想から出発

し、その予想の片翼をなす尺度含意の計算の問題をもっぱら論じてきた。この問題が提起する基本問題群は (10) (i) – (viii) に述べたとおりであるが、後半でやや詳しく検討した Chierchia (2004) や Reinhart (2006) の研究結果をみると、基本問題の解決までに明らかにすべき多くの具体的な問題があることがわかる。最後に、そのうちのいくつかについて私見を述べる。

6.1　Reference-Set Computation (RSC) の位置づけ

Reinhart (2006) が述べているように「Grice にもとづく枠組みにおいて尺度含意を導きだすために仮定されている計算は、reference-set computation の特性をもつ」(p.272)。これは「特定の参照集合の中から最適なメンバー (competitor) を選択する」(p.13) 操作 (群) である。そのためには、まず複数の選択肢となる表示を同時につくりだし、それらを相互に比較してなんらかの基準に照らして最適なものを選ぶことが必要であり、この点できわめて広域的 (global) な特性をもつものである。この種の操作は、現在では狭義のシンタクスの計算系からは排除されており (Chomsky 1991, 1995; その経緯は Reinhart 2006, 1 章に詳しい)、幼児の言語獲得や成人の言語処理においても大きな負荷を伴う心的操作である (Reinhart ibid., p.283)。

では、尺度含意の計算に関する Chierchia (2004) の派生理論が正しく、かつそこに含まれる操作が RSC の特性をもつという Reinhart (2006) の主張が正しいとすると、RSC を言語システム全体の中にどのように位置づけるべきかという問題が生じる。この点に関連すると思われる見解はつぎのようなものであろう。

(50)　(i)　SI の計算系は、シンタクスと同じ回帰性をもち、両システムは互いの計算結果にアクセスしながら平行して適用される。

(Chierchia 2004)

　　　(ii)　RSC (SI を含む) は、言語と概念系のインターフェイスでのみ (last resort として) 適用される。　　　(Reinhart 2006)

　　　(iii)　思考の解釈システム (interpretive components of thought) は、言語

のメカニズムをある特定の仕方で援用する。

(Chomsky 2006: 9, fn. 20)

インターフェイスとは（定義上）、独自の原理群をもつ複数のシステムが相互作用をおこすいわばシステム間の界面である。したがって、そこでの効果はそこに関与するシステム自体により完全に決定されるはずであり、界面自体が独自の原理群をもつことはない。もしもつとするならば、それは複数のシステムを介在する新たなシステムということになる。この点からみると、上の三つの可能性は、実は同じ方向を指し示しているとも考えられる。つまり、SI（およびそれを計算する RSC）は、独自の解釈システムを構成し、言語系と概念（思考）系との介在システムとして位置づけられる。そこで作用するメカニズム自体、およびその機能の仕方は、（回帰性も含めて）言語系と同一である可能性もある (Chomsky 2006)。またお互いのシステムに情報（指令）を送る方向も双方向である可能性もある (Jackendoff 1994; Chierchia 2004)。計算メカニズムの詳細が明らかにされねばならない。

6.2 多言語比較の視点 (a cross-linguistic perspective)

本稿では、尺度含意の計算の側面しか取り上げなかったが、はじめに述べたホーン予想を解明するためには、もうひとつの側面である NPI の認可環境との一致問題を考えなければならない。（ここでは立ち入る余裕はないが）このとき不可欠になるのが多言語比較の視点であると思われる。

たとえば、日本語においても尺度含意はいくつかの環境で棚上げされる。しかしその多くは NPI の認可環境と一致しない。以下 (51)–(55) において、(b) は含意の棚上げを示し、(c) は NPI の認可状況を示す[13]。

(51) 否定文
    a. 太郎はきっと睡眠薬か消化剤を飲まなかったのだ。
    b. 両方飲まなかったかもしれない / #両方飲んだかもしれない。
    c. OK太郎はきっと｛睡眠薬しか / 何も｝飲まなかったのだ。

(52) 否定的含意「ものか」
   a. りんごかみかんなんか食べるものか。
   b. 両方食べたくない / #両方なら食べたい。
   c. ᴼᴷ{りんごしか / 何も} 食べるものか。
(53) 否定分裂文
   a. さっき注文したのは、コーヒーかケーキではない。(=32)
   b. 両方(何も)注文しなかった / #両方注文した
   c. *さっき注文したのは、{コーヒーしか / 何も} ではない。
(54) 条件文の前件
   a. もしジョンかポールを見かけたら、知らせてください。(=33)
   b. 両方見かけても知らせる / #両方見かけたら知らせない。
   c. *もし{ジョンしか / 誰も} 見かけたら、知らせてください。
(55) 疑問文
   a. きみはりんごかみかんを食べましたか？
   b. #いいえ、両方食べました / はい、両方食べました。
   c. *きみは{りんごしか / 何も} 食べましたか？

これらの事実が示唆する言語間の多様性が最終的にどのような形でホーン予想に関わるかは明らかではないが、それに先だって広範な事実の調査が必要になろう。

6.3　含意の発生とメタ言語否定

　否定は、通常、対応する肯定文の命題内容を否定し、その真理値を反転させる。即ち、二重否定の法則（〜〜 p = p）が成立する。しかし自然言語における否定はさまざまな非真理関数的ないしはメタ言語的機能をもつ（その全体像については Horn 1985, 1989; 日本語の例については加藤 1996 を参照）。そのひとつが上限規定の尺度含意を否定する場合である。

(56) a.　He doesn't have three children.

    b. He has three childreny → no more than three (ex. not four)
    c. He has only two.
    d. He has four.
(57) a. You didn't eat some of the cookies
    b. You ate some of the cookes → not all of them
    c. You ate none.
    d. You ate all of them.
(58) a. John isn't patriotic or quixotic
    b. John is patriotid or quixotic → not (patritotic and quixotic)
    c. He's neither.
    d. He's both patriotic and quixotic.   (cf. Horn 1989: 384)

否定文 (a) に対応する肯定文 (b) は、それぞれ矢印の右に記した上限規定の含意をもつ。このとき (a) の否定が、(b) の字義どおりの意味にかかれば (c) の解釈になり、尺度含意そのものにかかれば (d) の解釈になる。言い換えると、メタ言語否定の解釈を得るためには、その否定の対象となる尺度含意がその時点で存在していなければならない。そこでつぎのような状況が生じることになる。

(59) (i) 尺度含意は通常の否定の作用域で棚上げされる（つまり存在しない）
    (ii) 尺度含意はメタ言語否定により否定される（つまり否定の対象として存在する）

先に 5.1 で、尺度含意発生の問題について論じ、すくなくとも二つのアプローチ、即ち lexical-driven/default theory (Chierchia 2004) と context-driven/last resort theory (Reinhart 2006)、を区別しうることをみた。では上の状況 (59) はそれぞれの枠組みでどのように説明されるであろうか。

まず lexical-driven/default theory では、含意は尺度表現が派生に導入され

た時点で自動的に発生し、やがて同表現が否定（ないしは他のDE論理子）の作用域に入ったときには「棚上げ」される。しかし、その否定がメタ言語の機能をもつ場合には、もし論理的またはメタ言語的の区別が派生の途中で決まるならば、含意は棚上げされずに残り否定の対象になる。またその区別が派生が終わった段階でしか決まらない場合には、棚上げをいったん解除し否定の対象にして、それを否定することになる。

一方、context-driven/last resort theoryでは、含意は文脈的な要請があったとき（つまり当の含意なしにはインターフェイスの条件が満たされないとき）にのみ、発生する。すると(59)では、否定が真理関数的に機能する場合には、文脈はなにも要請せず、含意は発生しない（したがって、棚上げもおこらない）。メタ言語的に働く場合には文脈から含意の発生が要請され、発生した含意は否定の対象になる。

これら二つの可能性はあくまでも経験的に評価されなければならないが、そのためにはメタ言語否定の特性をもう一度再検討することが必要であろう。少なくとも尺度含意の否定に関する限り、埋め込まれた量化表現から発生した含意（例えば、many → not all）が、上方のDE論理子である否定の作用を受けるわけであるから、Sauerland (to appear: 3) も指摘するように、局所含意に属する一つの現象ということになる。もしそうだとすると、否定論理子自体は論理的に定義されたもの（〜〜 p = p）だけを認めればよいという可能性もでてくる。

6.4 広域性と局所性

以上見てきたように、尺度含意の中には、発話全体から発生する広域的（global）なものと、その構造の中に埋め込まれた部分的な構成素から発生する局所的（local）なものとがあることは、ほぼ確立されたといってよい。特に後者は、本論でやや詳しく検討したChierchia (2004) 以降、この分野のもっとも中心的なテーマの一つになり、すでにいくつかの論文によって詳細な批判的検討がなされている[14]。ここでは、そのすべてをとりあげる余裕はないが、主要な論点のみ整理しておく。

(60) (i) 広域的計算と局所的計算は、背反するのか、両立すべきものか。
　　 (ii) 尺度含意は、語彙特性により自動的に発生するのか、文脈に依存するのか。
　　 (iii) 広域的含意と局所的含意は同一の性質をもつものなのか、または基本的に異なる類に属するのか。

まず(60i)については、広域的計算は、局所的計算が発話全体のレベルでおこなわれたケースであるとも考えられ、もしそうであるならば、両者は内在的に背反するものではない[15]。実際、Blutner (2005) は、最適性理論 (Optimality Theory) の観点からこの問題をとりあげ、広域的な原理が会話の含意の合理的 (rational) 基盤を直接支えるものであるのに対して、局所的原理は実際の共時的な次元を問題にし、文処理上の実時間での解釈の仕方を規定するという可能性を指示している。特に、広域的な最適化の結果が、発話処理の局所的なメカニズムに具現化したという見方は興味深い。

(60ii)については、本論でも Chierchia と Reinhart の対立点として論じたが、Recanati (2003) は、含意の発生に関して、語彙特性による default な解釈（特別な条件が介在してこない限り言語的な誘発要因によって default に生成されるもの）と自由富化 (free enrichment; コンテクストによって字義通りの意味よりも特定化（ないしは強化）された解釈が与えられるもの）とを区別する。そしてその上で、前者は意味論的原理により局所的に、文脈に依存せず、潜在的な可能性として生成されるものであり、後者は語用論的原理により広域的に、文脈に依存して、実際の候補として選ばれるものであるとする。

問い(60iii)については、Sauerland (2004, to appear) が、広域的含意と局所的含意それぞれの特性を改めて検討している。従来、広域的・局所的の区別は計算の仕方に関わるものであり、その計算の対象となる含意そのものは同一の特性をもつものである、というのが一般的な前提であったと思われる。しかし、Sauerland によると、上述の二つの含意は、(i)随意的か義務的か、(ii)認識的に弱い値[16]をとる一次的含意 (primary implicature) を許すか否か、(iii)いわゆる前提 (presupposition) に拡張可能か、という少なくとも三つ

の点において、対照的な違いを示す。さらに、尺度含意の計算の基礎をなすスケールの概念そのものに根本的な修正を加え、部分的に順序づけられた(partially ordered)スケールを認める。そして、この種のスケールと認識的確信(epistemic certainty)を表す論理子とを組み合わせることにより、Griceのアプローチを保ったまま、局所的含意が計算されると論じている。つまり、広域的・局所的の区別は、計算の様式に関わるものであると同時に、(少なくと記述的な面では)計算の対象となる含意の性質そのものにも関わる区別ということになる。

このように局所的含意の存在(およびその計算様式)は、多くの注目すべき研究を誘発してきたが、少なくとも現時点では、すべての含意がこの類に収束するかは明らかではない。

注
1 以下では直接とりあげないが、下方伴立(downward-entailing, DE)とは、上位集合から下位集合への推論を可能にする論理子のもつ特性である。たとえば、肯定と否定との対立を考えると、
(i) かれはリンゴを食べた→かれは果物を食べた
(ii) かれは果物を食べなかった→かれはリンゴを食べなかった
ここで、リンゴの集合は果物の集合の下位集合をなす。肯定命題においては、(i)のように下位から上位への推論が可能であるが、その逆は成り立たない。しかし否定命題においては、上位から下位への推論は可能であるが、その逆は成り立たない。つまり、否定はDE特性をもつ。他に、条件文の前件、全称量化子(all, every等)の制限領域、doubtなどの動詞類の補文などがいずれもDE特性をもつ。この特性が注目されるのは、Ladusaw(1979, 1980)によって、このDE特性こそが(まったく独立した現象である)NPIの認可子(licensers)を特徴付ける性質であることが示されたからである。その後の進展については、van der Wouden(1997)、吉村(1999)等を参照。
2 ホーン・スケールのすべてが、この種の一方向的論理的含意によって定義されるわけではない。他の意味論的・語用論的特性が関与してくる場合もある。同スケールに課されるべき一般的な諸条件については、Matsumoto(1995)参照。

3 定式(5)において、⊃は論理的含意、→ は会話の含意、〜は否定を表わす。
4 離接(or)に関していえば、排他的意味(exclusive: not both)は上限規定の会話の含意により導かれることを意味する。or の内在的・論理的意味は、命題論理によって定義される非排他的意味(inclusive: both の場合も含む)である。
5 なお本稿では NPI の認可については直接論じる余裕がないので、(10)(v)(vi)の環境一致の問題は他の機会にまわす。
6 これはいわゆる「複雑さに関する派生理論」(derivational theory of complexity)の基本的な前提である。つまり「文の複雑さはその派生に用いられる文法規則の数によって計られる」(Fodor, J. A. et al. 1974: 320)。同 pp.319–328 参照。
7 他に、factive 動詞の補文のケースと数量詞に関して "exactly N" を含むケースが上げられている。
8 ¬(P ∨ Q)は ¬P ∧ ¬Q を論理的に含意する。
9 これらの例を含めて他の例については、同論文 pp.48–55 の(28)–(52)を参照。
10 他に、negative factives (regret, be sorry)、negative ropositional attitudes (fear, complain) 等の例があげられている。
11 例(37)における *(In fact / actually) とは、これらの表現を省略することができないことを示す。
12 このアプローチが反証可能になるためには、もちろん、どのような文脈的要因が含意の発生を要請し、どのような場合には要請しないかが明確にされなければならない。Chierchia (2004: 66–70)は、強化条件のほかに含意の取り消しに関与する要因として、(i) backtracking (含意が後続文の内容と合致しない場合)、(ii) accommodation (語用論的に矛盾が生じる場合)、(iii) scale trancation/selection (スケール自体の選択に文脈が関わる場合)、の三つをあげている。これらはいずれも含意の取り消しないしは発生に関与する文脈的要因と考えられる。含意の計算と文脈との相互作用の全体的な解明が残された問題の一つである。
13 日本語の NPI はじつはそれと性質の異なる negative concord items であるという分析(Watanabe 2004)を採用したとしても、ここでの問題が解消するわけではない。なお、(53)の(否定的)分裂構造になぜ「しか、何も」などが現れないのかは不明である。
14 Chierchia (2004)の議論への直接的な批判として、Russell (2004)を参照。
15 広域的計算はその適用が(主文に)限定されているが、その分だけ、派生の各ステップで適用される局所的計算よりも、反証可能性が高い仮説であるともいえる。
16 「認識的に弱い」とは、"uncertain ψ" (= ¬K ψ ; K は認識的確信を表す論理子)をさす。これに対して "certain not ψ" (= K¬ ψ)を二次的含意とよぶ。Sauerland (2004: 383)参照。

第5章　メタ言語否定

> ひとつ残された問題は、記述的否定とメタ言語否定との関係の方向性である。どちらが基本的で、どちらが派生的なのか？あるいは、二つの用法は、より基本的な特定化されていない一つの概念から別々に分かれたものなのだろうか？
> （Horn1989/ 2001[2]: 443, 拙訳）

1. はじめに

　自然言語における否定は決して一様なものではなく、そこにはまったく異なる特性を示す二つの類型が存在することが知られている。Horn (1985, 1989/2001[2]) に従い「記述的否定」(descriptive negation) と「メタ言語否定」(metalinguistic negation) とよぶ[1]。
　記述的否定は論理学で定義される真理関数的 (truth-functional) な否定であり「文(命題)」の真理値をその対象とし、それと反対の真理値をもつ複合命題をつくる (Allwood et al. 1977: 30)。定義上、二重否定律 (〜〜 p = p)、対偶 (p → q かつ〜q ならば〜p) などの通常の論理法則に従う。一方、メタ言語否定は先行「発話」のおよそあらゆる側面をその対象としうる。Horn (1989: 377) はこのタイプの否定を「私はUに反対する」(I object to U; Uは発話) と表現し、(2) のような広範な事例 (括弧内に否定の対象を示す) を詳細に検討している。いずれの例においても否定は非真理関数的 (non-truth-functional) に作用している。

（1）　記述的(真理関数的)否定

(a) It's not snowing.
（雪が降っていない。（雪が降っている、と逆の真理値））

(b) It's not true that 2+2 is not 4.
（2 プラス 2 は 4 でないのではない。（二重否定律））

(2) メタ言語否定

(a) The king of France is not bald ── (because) there is no king of France. （存在前提）
（フランス王が禿であるというのではない ── フランスには王がいない（からだ））

(b) Some men aren't chauvinists ── all men are chauvinits. （上限規定の尺度含意）
（何人かが男性優位主義者というのではない ── 全員が男性優位主義者なのだ）

(c) He didn't call the [po'lis], he called the [poli's] （音声表示）
（かれは「ポ」リスを呼んだのではない、ポ「リ」スを呼んだのだ。「」はアクセント）

(d) I didn't manage to trap two mongeese ── I managed to trap two mongooses. （屈折形態）
（私は二匹のマンギースを捕まえたのではない ── 二匹のマングースを捕まえたのだ）

(e) Grandpa isn't feeling lously, Johnny, he's a tad indisposed. （言語使用域）
（おじいさんは気分がわるいのではないの、ジェニー、とても加減が悪いの）

(f) I'm not his daughter ── he's my father. （視点）
（私は彼の娘なのではないわ、彼が私の父親なの）

((a)–(f): Horn 1989: 362–371)

(g) It's not [plays passage in manner x] ── it's [plays same passage in manner x']

（[楽曲を x のように弾いて] こうではないの、[x' のように弾い
           て] こう弾きなさい）　　　　　　（非言語的事象，同 563, fn.14）

(2a) で否定の対象となっているのは、対応する肯定文の命題内容 (主語の指示物が当該の属性をもつかもたないか) ではなく、その言明の成立に必要な (主語の) 存在の前提である。(2b) では some → not all という上限規定の (会話の) 尺度含意が否定される (〜 (not all) = all)。(2c) では発音の音声特徴、(2d) では数の屈折形態、(2e) では当該の場面における表現の丁寧さの適切性、(2f) では誰を経由して誰を同定するかという視点の適切性、をそれぞれ否定の対象として異議を唱えている。いずれも対応する肯定文の命題的内容およびその真理条件を問題としているのではない。(2g) はさらに "I object to U" の U が言語的素材ですらないケースである。ここでは、演奏の仕方が対象とされている。

2.　基本問題

　経験的事象に則したこのような類型が与えられたとき、問うべき基本問題とはどのようなものであろうか (実はこの点が明確にされないまま、個別的論争が進行しているというのが現状である)。以下、項目別に問題を整理することを試みる。

（3）　二類型それぞれの特性 (音韻、形態、統語、極性、意味、談話、等の
　　　側面)
（4）　二類型相互間の有標性 (使用上の制限、言語獲得順序、言語処理上の
　　　制約、等)
（5）　二類型の本性 (対立は何によるのか)
（6）　なぜこのような類型が存在するのか

このうち (3) と (4) については Horn (1989/2001[2], 6 章、7 章) に詳しい。(5)

についてはCarston (1996)、Horn (2006)、吉村 (2006, 2009) などに異なった見解が見られる。(6)については未だこの種の問い自体が表明されていない。本稿では(5)に関わる否定演算子について新たな提案をし、合わせて(6)の存在理由(ないしはその必然性)について考察したい。

その前に、(3)(4)について簡単にまとめておく。各項目について主に英語に関してはつぎのような結果が得られている[2]。

(7) メタ言語否定の(有標)特性
    a. 音韻　　下降―上昇音調 (fall-rise intonation) ないしは対比、強調強勢を伴う
    b. 形態　　接頭辞として編入できない
    c. 統語　　特定の構文や否定辞の位置に限定されない (日本語では外部否定構文が最も自然)
    d. 極性　　肯定極性項目と共起し、否定極性項目を認可しない
    e. 意味　　真理値ではなく断定性に関与。有標の解釈
    f. 文脈の制限　先行発話を要求し、通常訂正表現を伴う
    g. 語用論的機能　発話の広義の適切性に関わる
    h. 情報構造　否定だけが新情報になる
    i. 獲得順序　幼児期において記述否定の獲得に先行する
    j. 言語処理　遡及的に二重処理 (double processing) される　(p.391)

これらの特性はすべて、メタ言語否定が記述的否定に対して「有標」の現象であることを示している。ホーン自身も「記述的用法が基本的 (primary) であり (p.444)、メタ言語否定は心理的、構造的に有標 (marked) である」(p.391) と述べている。ただし、有標性に関しては (加藤 1990 でも論じたが)、言語獲得において記述的否定に先行するという意味では「無標」であるものが、なぜ成人の文法では意味解釈の点においても言語処理の点においても有標の性質を示すのかが問題になりうる。またこの獲得順序は、メタ言語否定が必ずしも記述否定から派生したものではないという可能性を示して

いる(5節参照)。

3. 二類型の対立——「演算子」か「用法」か——

　否定の二類型そのものの成り立ち(その対立の本質)を解明するためには、まずこれら相互の関係を考えなければならない。この二類型は(i)それぞれ独自の「演算子」をもち、その性質が異なるのか。または、(ii)ある演算子を共有し、違いはその「用法」にあるのか、が問題となろう。さらに、(iii)演算子を共有している場合には、それは真理関数的な特性をもつものなのか、そうでない場合には、どのような基本特性をもつのか、が問題となる。しかし、これらの最も基本的な点において Horn (1989/2001²) の記述は必ずしも明確ではなく、むしろ複数の可能性を内包したままになっている。

　まず、メタ言語否定が(非論理的な特性を示す)独自の演算子をもつと想定されていることはつぎの記述からもうかがえる。

(8) a. Apparent sentence negation represents either a descriptive truth-functional operator, (...) or a metalinguistic operator (...) (文否定は、記述的で真理関数的な演算子か、またはメタ言語的演算子である)
(p.377)

　　b. (...) metalinguistic negation operator which cannot be assimilated to ordinary negation. (通常の否定に同化できないメタ言語否定の演算子)
(p.384)

　　c. (...) metalinguistic negation, as an extralogical operator (...) (非論理的演算子としてのメタ言語否定)
(p.415)

　　d. (...) metalinguistic negation (...) is simply not an operator (truth-functional or otherwise) on propositions. (メタ言語否定は、真理関数的であるにせよないにせよ、命題に関する演算子ではない)
(p.415)

しかし一方、否定演算子(negation / negative operator)と呼ぶものをメタ言語

的に拡張して使用しているという記述もある。ここに関与する当該の演算子とはどのようなものかは必ずしも明確ではない。

(9) a. (…) the marked [metalinguistic] negation is a reflex of an extended metalinguistic use of the negative operator (…). (有標のメタ言語否定は、否定演算子の拡張されたメタ言語的使用の反映である) (p.440)

　　b. (…) a metalinguistic use of basic negation (p.442), [or] of the negation operator. (基礎的な否定、ないしは否定演算子のメタ言語的使用)
(p.476)

　　c. (…) a metalinguistic use of the negation operator rather than (as with descriptive negation) a semantic operator (…) (記述的意味論的演算子ではなく否定演算子のメタ言語的使用) (p.419)

しかし、同時にここで拡張的に使用されているものが記述的・真理関数的 (descriptive/truth-functional) な演算子であることを想定している個所もある。

(10) a. (…) natural languages almost invariably allow a descriptive negation operator to double for metalinguistic use (…) (自然言語においてはほとんど常に、記述的否定をメタ言語的使用にも使用できるようになっている) (p.382)

　　b. (…) while there is indeed only one descriptive sentence-level negation operator (…), the ordinary truth-functional interpretation of this operator motivates it for an extended use as a general metalinguistic sign of rejection or objection, (…) (唯一の記述的な文レベルの否定演算子は確かにあるが、この演算子の通常の真理関数的解釈は、一般的な拒否ないしは反対のメタ言語的サインとして拡張的に用いられる) (p.443)

以上をまとめると現時点ではつぎのような複数の可能性が共存していることになる。

(11) a. 記述的否定とメタ言語否定は互いに異なる「演算子」をもつ
　　 b. メタ言語否定は独自の演算子はもたず、
　　　　(i) 記述的否定の真理関数的演算子の拡張的「用法」、または
　　　　(ii) 未だ特定されていない否定演算子の拡張的「用法」である

4. グライスの研究プログラム（Gricean Program）

　Horn (1985, 1989/2001[2]) は、記述的否定とメタ言語否定との二類型を広範な事例にもとづいて確立した。しかしその対立の本質的成立要因が一義的に決定できていないのはなぜであろうか。一つには、上述(11)のどの可能性をとっても未だ不明な点が多いことが予想されるが（後述）、もう一つは、ホーン自身の新グライス学派（neo-Gricean）としての基本的な思考法が影響を与えていることも考えられる。

　周知のように、グライス（Paul Grice）の語用論は、1967年のハーバード大学での連続講義「論理と会話」（Logic and Conversation）に端を発する[3]。彼はまず、命題論理と日常言語とのズレに注目した。例えば、p and q は、p と q が共に真という論理子（∧）の意味のほかに、p が q に時間的に先行する、p と q には関連（たとえば因果関係）があるなどの意味をもつ。また、not p は p の真理値を逆転させるという論理子（〜）の意味のほかに、前節でみたような広範なメタ言語的（つまり非論理的）用法をもつ。同じことは or（∨）や if（→）などの他の論理子についてもいえる。このような事態を前にして、Grice が提案したのはつぎのような研究プログラムである。

　つまり、(i) 命題論理と日常言語には確かにズレが存在する。しかし (ii) そのズレは見かけ上のものにすぎず、日常言語の and, or, not, if などは論理子 ∧, ∨, 〜, → の真理表により定義された意味だけを語彙特性としてもつ。そして (iii) 見かけ上のズレは、(a) 各論理子の意味と (b) 日常言語の使用一般を支

えている語用論的な原理(「協調の原理」とそれを実現する「会話の公準群」)との相互作用から派生的に導出される[4]。グライス以降、このプログラムの関心は語用論的一般原理の体系の解明に集中し、後期グライス学派(post-Gricean)としての関連性理論(Sperber and Wilson 1986, 1995 等)と新グライス学派(neo-Gricean)の語用論分析(Horn 1984, 1989, Levinson 1983 等)に引き継がれ大きな展開を示してきた。中でもグライスに最も近い立場を取ってきたのがホーンの一連の研究である[5]。

上に見たようにこのプログラムにおいては、否定もその例外ではない。この観点から見れば、(i)メタ言語否定は広範な非論理的特性を示すが、(ii)それは見かけ上のものにすぎず、否定要素(not, ナイ、等)自体は真理関数的な論理演算子(〜)の意味をもつだけであり、(iii)言語事実として観察されるズレは論理子(〜)と日常言語の使用一般を司る原理(群)との相互作用による派生効果として説明されることになる。前節のまとめでいえば、(11b)の(i)の立場である。

ではなぜ上の引用(8)–(10)にみられるように、否定に関与する演算子として真理関数的(truth-functional)なものだけでなく、メタ言語演算子(metalinguistic operator)または否定演算子(negation / negative operator)という概念がもちだされているのであろうか。

それは恐らく、グライスの研究プログラムに準拠しつつも、その哲学的・方法論的方針に縛られることなく、経験的帰結を明らかにしたいということであろう。場合によっては、基本原理が多少複雑にならざるを得ないかも知れない。上述(11b)の(i)をとる場合、つまり「メタ言語否定は独自の演算子はもたず(...)真理関数的演算子の拡張的用法である」とするならば、すぐに問題になるのは、否定が示す広範な非論理的・メタ言語的特性(たとえば先の(2)(a)–(g)のすべてを論理子(〜)の意味となんらかの語用論的一般原理との相互作用として捉えることができるか、ということである。これは、その説明に必要とされる語用論的一般原理(Grice 1967 の協調原理、Sperber and Wilson 1986 の関連性原理、Horn 1989 の経済性原理、等)をそのためにどの程度複雑にしなければならないかということによる。

もう一つの方向はもちろん、否定演算子自体の特性を再検討するということであろう。これはしかし、演算子の特性と一般原理との相互作用で当該の現象の総体を説明するという点ではグライスのプログラムに準拠するが、もし演算子の性質を真理関数的なものに限らないということになると、グライスとは根本的に離反することになる。しかしホーンの視野にはこの可能性も入っているのであろう。これは上述(11b)の(ii)の立場である。

　さらにより根本的なところでグライスから離れることになるのが(11a)の可能性、つまり記述的否定とメタ言語否定の「二類型は互いに異なる演算子をもつ」とすることである。ここでの問題はまず、どの言語にもメタ言語否定に特化した否定辞は存在しないことにある (cf. Horn 1989: 366)。つまりすべての言語の通常の否定辞(not, ナイ、等)の各々に二種類の演算子を語彙特性として指定しなければならないことになる。これは意味概念を不必要に増殖させてはならないという方法論的要請(いわゆる Occam's Razor)に反する。また仮にこの事態を認めたとしても、メタ否定演算子の特性を明示的に定義しなければならない。もっとも、メタ言語否定演算子という概念はなんらかの「実体」(entity)としての演算子を指すのではなく、他の演算子を援用する際の特定の「方法」ないしはそのように使われている「状態」を指すのであるということも考えられるが、この可能性は以下では考察しない[6]。

5. 否定と多元システム——提案——

　ここでグライスの初期のプログラムからすこし離れて、ホーンが否定演算子(negative / negation operator; cf. (9) (a) – (d))と呼ぶもの(ないしはそれに対応するもの)の性質を考え、記述否定とメタ言語否定の関係について新たな提案をしたい。基本的には、同演算子は真理関数的には定義できないと考える(cf. (11b)の(ii))。先に結論を(12) – (14)に示す。その基本点は(15)のようである。

(12) 自然言語における否定の基底にあるのは、反転効果をもつ演算子（「反転演算子」(reversal operator)と呼ぶ）である[7]。
(13) 意味・概念系は、(a)論理、(b)語用、(c)認知、の三つのレベル（level/plane）からなる多次元システムである。
(14) 反転演算子は概念系のどのレベルに適用されるかにより異なった機能・効果を与える。
　　(a) 論理レベルでは、真理値の反転をもたらし、真理関数的機能をもつ（記述的否定）
　　(b) 語用レベルでは、（含意、前提、断定性など各種の）語用論的概念の反転をもたらす（メタ言語否定）[8]
　　(c) 認知レベルでは、図・素地の反転（figure-ground reversal）などをもたらす
(15) 反転と多元システム

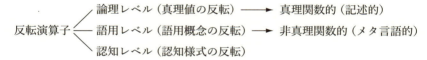

このアプローチは、メタ言語否定の効果をもたらす演算子は真理関数的に定義されるものではないという点ではグライスから離れ、前節のまとめの(11b)の(ii)の立場の延長上にある。しかしさらに近いのは、ホーン自身によるつぎの問いかけ（本章の冒頭に引用）である。

(16) One issue which remains is the directionality of the relationship between descriptive and metalinguistic negation: which use is primary and which derivative? Or do both uses branch off separately from some more basic, undifferentiated notion?（ひとつ残された問題は、記述的否定とメタ言語否定との関係の方向性である。どちらが基本的で、どちらが派生的なのか？あるいは、二つの用法は、より基本的な特定化されていない一つの概念から別々に分かれたものなのだろうか？）（1989/ 2001: 443, 拙訳）

ホーンは引用最後の「特定化されていない概念」(undifferentiated notion) とはどのようなものかについては何も述べていないが、上に提案した「反転演算子」はその内実を捉えたものと位置づけられる。結果として、記述的否定とメタ言語否定はより基本的な概念から「別々に分かれた」(本論の言い方では「異なったレベルに適用された」)ものであり、ホーンのどちらか一方が他方から派生したのではないという可能性の指摘ないしは予想と軌を一にする[9]。

　しかし一方、ホーンは、一貫して否定の曖昧性は語用論の問題であるとしている (17a)。本稿の立場では、曖昧性は語用論という一つのレベルで発現するのではなく、異なったレベルに分化する(適用する)ことによる結果ということになる。またホーンは、二つの演算子が異なったレベルで働く (17b)、ないしはどちらかのレベルで「中和する」(17c) とも述べており、これらの点で単一の(中立的な反転)演算子が異なったレベルに適用され、異なった効果をもたらすとする本稿の主張とは相いれない。該当個所を引用する。

(17) a. (...) negation is effectively ambiguous, (...) a pragmatic ambiguity, a built-in duality of use. (否定は実際多義的である。語用論的に多義であり、それは内在的な使用の二元性である) (p.370)
　　 b. (...) metalinguistic negation does not operate on the same rhetorical or grammatical level as the clause in which it occurs [in contrast to] objective-level negator. (メタ言語否定は、客観レベルの否定とは違って、否定が生じるのと同じ文体的ないしは文法的レベルに作用するのではない) (p.397)
　　 c. (...) the dual function of negation are not entirely on a par with the instances to pragmatic ambiguity (...) the two understandings in each case is neutralized at the level of logical form. (否定の二元的機能は語用論的多義性の諸例とは完全には一致しない。その二つの解釈は論理形式のレベルでは中和される) (1989/2001[2]: 563, fn.13)

記述的否定とメタ言語否定との間に直接的な派生関係はないとする本論の提案が幼児の言語獲得、成人の言語処理の点から見ても妥当なものであることを次節でみる。

6. 有標性の諸側面

　メタ言語否定に関する従来の論考は、その機能の全体像の把握とその機能を担う言語表現の同定に多くが当てられてきた（先の基本問題(3)）。前節での図式(15)に照らせば、語用ないしは認知レベルに適用された後の演算子の機能の詳細を扱っていることになる。しかしここでのテーマは、単一の反転演算子が各機能に「分化」していく様相を明らかにすることであるから、問題はむしろ有標性の問題（基本問題(4)）である。以下、反転演算子と多次元モデルの提案が、有標性の諸問題に対してどのような見通しを与えることが出来るのかを簡単に描写する。

6.1　否定・肯定の非対称

　Givón(1978)が明確に述べたように「否定的言明は対応する肯定を前提とするが、その逆は成立しない」(Horn 1989: 3)。肯定は世界に対する直接的な言明であるが、否定はその肯定的言明に対するいわば「二次的な作用」(second-order operation, ibid.p420)である。この意味で(18)にあるように「すべての否定は、実質的にメタ言語的である」(p.420)と言ってよい。

(18)　(...) negation is invariably a second-oreder operation, (...) in effect, all negation is metalinguistic.（否定は常に二次的な作用である。実際、すべての否定はメタ言語的である） (p.420)

　これは多次元モデルにも等しく当てはまる。「反転」という作用は反転させるべきものの存在を前提としており、この点でまさに「二次的な」作用だからである。否定への本質的な見方に変化はない。

6.2 言語獲得

　幼児の否定の獲得については Horn (1989/2001²) 3.1 節「有標性と否定の獲得」に心理学的な先行研究の詳しい比較検討があるが、それを踏まえ同 6.6 節で、次のように述べている。

(19)　(…) the metalinguistic use may be ontogenetically prior, in that the prohibition or rejection/refusal negative of early child language predates and evolves into truth-functional negation.（メタ言語的用法は個体発生的に優位である。幼児の初期の言語における禁止ないしは拒否的な否定が先だって現れ、真理関数的否定に発達してゆく）　　　　(p.443)

メタ言語否定は（記述的否定に対して）個体発生的に優位である。それは、(i) 発達過程で「先行」し、(ii) 真理関数的否定に「発展」していく点においてである、という。

　まず (i) の発達段階に関しては、記述否定の現れである部分否定の解釈が 2;10 才で観察されるという報告がある（加藤 1990: 211, fn.6, 大津由紀雄、p.c. 1989/11 による）。これは否定の二類型がほぼ同じ時期に発現することを示している。多次元モデルからみると、理論レベルと語用レベルがほぼ同じ時期に活性化 (activate) されることを示す。仮に先行関係にずれが認められるとすれば、それは活性化の時間的差によると解釈される。また (ii) のメタ言語的否定から記述的否定への「発展」の方向性についても、レベル間の活性化の時間差に還元できる。仮に語用レベルの方が早ければ、メタから記述的へ「発展」していくように見えるはずである。

　否定の二類型の相互間に直接の派生関係を認めない本論の立場は、幼児の否定との関係から見ても自然である。加藤 (1990: 209) は、この関係を次のようにまとめている（一部修正）。

(20)

	幼児の否定	成人話者の否定	
		記述的否定	メタ言語否定
a. 対命題/言語表現	−	+	±
b. 真理関数的	−	+	−
c. garden-path 効果	−	−	+

ここに示された関係は、幼児の否定からの発展とは別に、成人の二類型間に派生関係を認めるよりも、幼児の否定から獲得過程で別々にプラス特性を獲得して、成人の二類型に至ったとする方が自然であろう。その点でも「分化」に基本をおく本アプローチが支持される。

6.3 言語処理

否定の意味解釈（処理）の言語心理学的先行研究については、同 3.2 節「有標性と否定の言語処理」に詳しい検討がある。その結果は次のようである。

(21) a. (…) when negation can be read descriptively, it must be, or in other words, that metalinguistic negation is marked psychologically, as well as structurally.（否定を記述的に解釈しうるときにはそのように解釈しなければならない。言い換えると、メタ言語否定は心理的、構造的に有標である） (p.391)

b. (…) metalingusitic negation takes longer to process or verify than ordinary negation [and …] must be retroactively reprocessed as metalinguistic (…)（メタ言語否定の解釈ないしは認定には通常の否定よりも処理時間がかかる。メタ言語的と認定されるためには遡及的に処理されなければならない） (p.391)

(22) (…) there is a procedural sense in which the descriptive use of negation is primary; the nonlogical metalinguistic understanding is typically available only on a 'second pass,' when the descriptive reading self-destructs.（言語

処理の点から見ると記述的否定が基本である。非論理的なメタ言語否定の解釈は、記述的な解釈が破綻したときに、二次的な解釈としてはじめて可能になる)　　　　　　　　　　　　　　(pp.443–444)

いずれもメタ言語否定が「構造的、心理的に有標」(21a)であり、「遡及的」(21b)、「二次的」(22)に処理されなければならないということを述べている。しかし従来の分析にはこれらに適切な位置づけをあたえる理論枠はない。

　一方、多次元モデルの下では、これらはいずれも反転演算子の適用にある種の優先関係があると仮定することで説明可能であろう。即ち、

(23)　反転演算子の優先順序：論理レベル ＞ 語用レベル

ここでの優先順序とは、反転演算子の適用の順序、即ち(成人の文法では)まず論理レベルで真理関数的に作用するが、そこでの解釈が「自己破綻」(22)したときに、語用レベルに再適用されると考えてもよいし、または二つのレベルに同時に適用されてそのうちの一つを選択する時の優先関係ないしは最終手段(the last resort)の指定と考えてもよい(後述)。これは「言語の計算系から出力された構造に可能な限りの解釈を与えよ」という高次の経済性原理の現れであると推測される。

7.　真理関数と語用論

　以上見てきたように、論理と日常言語には大きな違いがある。しかしグライスの研究プログラムによれば、その違いは表面的なものに過ぎず、論理特性と会話の一般原理との「相互作用」により派生的に説明されるべきものである。しかし、このプログラムが実行可能であるためにはそもそもこの「相互作用」の成立が保証されなければならない。それは常に可能なのであろうか。

　否定を例にとると、論理演算子としての否定はその対象となる命題の真理値を逆にする、あるいは量化子に作用し矛盾(contradiction)、反対

(contrary)、併立 (entailment)、二重否定 (double negation) などの意味をもたらす。いうまでもなくこの機能が働くためには、(i) 作用の対象がまず存在し、(ii) その対象が真理値ないしは量化特性をもっていなければならない。例えば「りんご」という単独の名詞を否定することはできない。もちろん真理値ないしは量化特性の条件が満たされれば、(メタ言語否定のいくつかの例に見られるように) 否定の対象となる命題は明示的に表現された字義通りの内容でなくてもよい。例えば、先の (2a) では「フランスに王がいる」という存在の前提、(2b) では「全員が男性優位主義者であるわけではない」という語用論的推論による含意 (implicature) が否定の対象になっている。これらの否定の対象は命題の字義通りの意味ではなく語用論的に派生したものであるが、否定の対象となるための真理条件、量化表現は備えており、それらと相互作用をおこす否定自体は真理関数的に働いているといってよい (たとえば (2b) では、(～(～ all)) = all という二重否定律に従っている)。論理特性と語用論的要因が相互作用を起こしているわけである。

　問題は、(2) にあげた他のケース、すなわち否定の対象であるとされているものが「音声表示」(2c)、「屈折形態」(2d)、「言語使用域」(2e)、「視点」(2f)、「非言語的事象」(2g) などの場合である。これらは否定操作の対象となる表現が真理値、量化特性に関わるものではなく、したがって論理演算子としての否定の対象とはならないはずである。逆に、もしそれらが実際に否定の対象になっているのであるならば、その時点で否定演算子はすでに論理的・真理関数的なものではなくなっていることになる。つまりこれらのケースでは、論理演算子としての否定と語用論的要因との相互作用は行なわれていないことになる。これは厳密な意味でのグライス・プログラムがここでは実行されていないことを意味する。

　同様に、先の (10a) (10b) でみた Horn の可能性の一つ、つまりメタ言語否定は真理関数的否定演算子をメタ言語的に「使用」しているものであるとする見解においても、正確にはここでの「相互作用」が起きているとは言いがたい。

　一方、多元システムにおいては、反転演算子が論理レベルに適用すれば真

理関数的否定の効果をもち、語用レベルに適用すればメタ言語的否定として働く。後者においてのみ語用論的な要因と相互作用するが、その演算子はモデル構成上、真理関数的なものではない。したがって、真理関数的演算子が直接語用論的要因と相互作用をおこす可能性はない。つまり、このモデルにおいても論理子と語用論的要因との相互作用は存在せず、グライス・プログラムは（すくなくとも当初想定されていたようには）実行されていないことになる。

　反転演算子の設定は、自然言語のすべての論理子が内在的に真理関数的なものであるとするグライスの基本的アプローチから離れることを意味する。しかし、上に見たようにグライスのプログラムの根幹に仮定されている論理子と語用論的要素との相互作用は、実はごく一部のケース（先の (2a) (2b) など）を除いてそのままでは成立し得ないのである。このことは非論理的な演算子がどのみち必要であることを示している。しかし単に非論理的なものを設定するだけでは、逆に論理的演算子との相対的な関係が捉えられず、さらにオッカムの方法論的要請にも違反することになる。

　反転演算子は、(i) 論理的・非論理的演算子の対立の本質を「分化」に求め、(ii) それを多次元モデルの中に明示的に位置づけ、(iii) 演算子と語用論的要因との相互作用を保証しようとする一つの試みである。またそこに仮定された多次元モデルはそのまま、なぜ否定に二類型が存在するのかという基本問題（上述 (6)）への解答となる。それは多元的な意味・概念系が課するインターフェイスにおける条件、つまり意味・概念系の多元性に応えるためである。

8. 言語機能の構成とインターフェイス

　否定の二元性と反転演算子の作用は、広義の言語機能全体の中でどのような位置を占めることになるのであろうか。Chomsky (1995) に始まるミニマリスト・プログラムを基礎として、Hauser et al. (2002) は、言語機能に広義のもの (the faculty of language in the broad sense, FLB) と狭義のもの (FL in the narrow sense, FLN) を区別し、FLB は回帰性 (recursion) をその本質とする計算系としての FLN と共に、概念・意図 (conceptual-intentional) システムと知覚・運動 (sensory-motor) システムから構成されるとした。計算系はこれらのシステムとそれぞれインターフェイスで接することになる。Reinhart (2006) はさらに概念・意図システムを概念、文脈、推論の三つのシステムに区別し、それぞれとのインターフェイスにおいて参照集合計算 (reference-set computation) という非局所的な計算が必要であることを示した。

この一般的な理論枠を仮定し、考察の対象を否定に限定すると、先の多元モデル (15) は、推論システムの内部構成を示すものと考えられる。計算系が構築する構造化された情報は推論システム内の少なくとも二つの層 (layer/level) に送り込まれる (ここでは認知レベルは考察しない)。この時、意味計算に必要な情報がどのように送り込まれるかについてはいくつかの可能性が考えられる。たとえば、

(24) 意味計算の方式
    (i) 順次処理　　(cf. Horn 1989/2001[2])
        はじめに論理レベルに送られ、そこでの計算結果が破綻したときにのみ、語用論レベルに再適用される。
    (ii) 同時処理　　(cf. Reinhart 2006)
        論理レベル、語用論レベルに同時に送られ、独立に計算される。その結果を比較し、(破綻していない) 最適なものを選択する。

このうち (24i) の可能性はホーンの予測 (先の引用 (22)) に、(ii) はラインハートのアプローチに基本的に合致する。両方式の計算量の詳細は今後の検討に待つしかないが、どちらも最終手段 (last resort) 適用の結果として、最適解が得られるという認識では一致していると思われる。

否定の二元性がインターフェイスの構成に係わるもう一つの点は、上述 FLB のシステム (概念、文脈、推論) が、中央の計算系を介さずに相互に直接交渉をもつ可能性を指し示していることである。例えば、仮に (24ii) の可

能性をとったときに、複数のレベルでの計算結果を比較することが必要になるが、この時どの推論が最適なものであるか(例えば、メタ言語的解釈が可能かどうか)を決定するためには、推論だけではなく文脈からの情報(先行談話の内容、背後の文化的前提、等)も必要になるからである。少なくともメタ言語否定については、推論と文脈の二つのシステムの相互作用なしには、最終的な解釈(選択)を決定することはできないと思われる。

9. まとめ

　自然言語の否定現象のもっとも基本的な特徴は、記述的・論理的否定とメタ言語否定の区別に反映される否定の二元性(duality)である。ここでの基本問題は、ではなぜ否定はこの種の二元性をもたなければならないのかということである。本稿ではその根拠を、言語の計算系(シンタクス)に隣接する概念系の内部構成に求めた。その内部の計算方式の詳細は現時点では未だ明らかではないが、否定の分析はその全体的な構成の解明に不可欠な経験的基礎となることは確かであると思われる。

注
1　メタ言語否定とその先行研究については、Jespersen 1917; Ducrot 1972, 1973; 太田 1980; Horn 1985, 1989/2001^2; 加藤 1990, 1996; Carston1996; Yoshimura 2002; 吉村 2006, 2009, 等参照。
2　(7) (a)–(j)の各々の特性の具体例については、太田 1980; Horn 1985, 1989/2001^2; 加藤 1990; 吉村 2007 等を参照。
3　Grice, Paul 1967. "Logic and Conversation." Unpublished lecture notes from William James Lectures at Harvard University. Grice 1989 に一部修正の上再録。
4　詳しくは Grice 1967, 1989, 太田 1980, Horn1989 第 3 章, 加藤連載 (1) (2) 等を参照。
5　この点は彼の博士論文「英語における論理演算子の意味特性について」(On the Semantic Properties of Logical Operators in English, 1972, UCLA) に最もよく現れている。

6 本論では論じないが、もう一つの可能性は関連性理論 (Sperber and Wilson 1986, 1995) に基づく Carston 1996, 2002 の分析である。Carston はここでの否定の二元性は否定演算子そのものの二元性ではなく、否定の作用域に含まれる要素がメタ表示であるか否かによるとする。任意の表示は表示された部分が、(a) 発話時の話者以外の人に帰属され、(b) その部分に対するなんらかの心的態度 (attitude) を表すときに、メタ表示であるという (Carston 2002: 298)。いずれの場合も否定演算子自体は記述否定と同じ真理関数的なものであるとする。この批判的検討については吉村 (2006) を参照。

7 この反転 (reversal) は最も単純なケースでは補集合の指定といえるかもしれない。この場合、否定は、$f(x)=x'$ (x' は x の補集合) という関数である。

8 語用レベルの反転は何を意味するのか (吉村あき子氏の指摘、p.c.) については今後さらに検討を要する。前提・含意は (明示的には表されてはいないが) その内容は文 (命題) として表現され、そのまま反転の対象になる。他方、police (2c), mongeese (2d) やピアノ演奏法 (2g) の例では「X という {表現 / 語彙選択 / 発音の仕方 / 視点のとり方 / 演奏法} が適切である」という命題の形に補完された意味内容 (断定性) が反転の対象になるというべきかもしれない。後者のケースの代替表現 (alternative) の選択は反転とはまた別の問題である。

9 メタ言語否定と記述的否定とが「どちらか一方から派生したのではない」という可能性とメタ言語否定の方が「派生的である」という事実とは一見相いれないように思われる (吉村あき子氏の指摘、p.c.)。この点については改めて検討が必要であるが、演算子としての特性自体が直接的な派生関係にはなくても、論理レベルと語用・認知レベルとの間の (適用ないしは選択に関する) 優先関係が与えられれば、メタ言語否定の方が用法・機能において「派生的」であるという結果は導出しうる (後述 (23) 参照)。なお、演算子自体の特性に関して吉村 (2006) では、自然言語否定が「真理値を越えた一般的意味をもつ可能性」を示唆し、さらに「非常に general な意味を自然言語の否定はコード化している」(同、p.142) と述べている。その内実については明らかにされてはいないが、本論の反転演算子はその「general な意味」の一つの可能性とも考えられる。

第 6 章　経済性効果

　　　言語には二つの拮抗する力の間に組織的な相互干渉がある。(…)話者の経済性
　　　はメッセージの形式の上限を規定し、一方聞き手の経済性は情報内容の下限を
　　　規定する。　　　　　　　　　　　(Horn 1989/2001^2: 192, 拙訳)

　　　冗長性が重要であることは、言語の経済性の概念を無効にするものではなく、
　　　むしろその複雑さをわれわれに再認識させる。
　　　　　　　　　　　(Horn 1993: 43, Martinet 1962:140 から引用, 拙訳)

1.　言語の経済性

　自然言語には、その構造と機能の両面において何らかの「経済性」への指向が認められる。この認識は、古くから様々な分野やアプローチの違いを越えて、広く共有されてきた。Horn (2004:14) にはギリシャ古典修辞学からの引用がある。

(1)　If it is prolix, it will not be clear, nor if it is too brief. It is plain that the middle way is appropriate..., saying just enough to make the facts plain.
　　　（もし冗長ならば明確ではなくなるし、短すぎてもいけない。その中間が適切である——事実を明確にするのに十分なだけのことを述べること）
　　　　　　　　　　　　　　　　　　　　　　　(Aristotle, Rhetoric)

　近代・現代言語学においても、これは修辞法のみに関わることではなく、言語の本質を指し示すものであることが、広く認識されてきた。アメリカ構

造言語学のサピア (Sapir) は、経済性が現象として自然言語の多くの領域に
みられるだけでなく、言語の文法の成立そのものにとって不可欠のものであ
るとし、つぎのように述べる (加藤 1999 を参照)。

（2） (...) all languages have an inherent tendency to economy of expression.
Were this tendency entirely inoperative, there would be no grammar (言語
にはみな表現の経済性への内在的な傾向がある。もしこの傾向が完全
に効力を失えば、文法は存在し得ないだろう) 　　(Sapir 1921: 37–8)

伝統文法の Paul (1888) は、より具体的に、言語表現は「理解されるため
に必要なだけのものを含むことが求められる (... forced into existence which
contain only just so much as is requisite to their being understood)」と述べてい
るが、経済性とは、ある目的 (ないしは要請) の存在とそれを達成する手段の
最小化との間の関係であると言えよう。

　また機能主義言語学を提唱する Martinet (1962) も言語変化の主要動因に
ついての考察の中で、「言語がどのように、そしてなぜ変化するのかを理解
するためには、二つの遍在し、対立する要因 (two ever-present and antinomic
factors) を心に留めておくことが必要である」(ibid., p.139) とし、それらは「第
一に、意思伝達の必要性 (…) そして第二に、最小労力の原理、つまりエネル
ギーの表出を、心的にも身体的にも、達成すべき目的と見合うだけの最小
のものに制限するという原理」(first the requirement of communication, (...)
and, second, the principle of least effort, which makes him restrict his output of
energy, both mental and physical, to the minimum compatible with achieving his
ends. Martinet 1962: 139) であると述べている。つまり「労力を、自己の目的
を達成するための最小限のものに制限する (restrict his output of energy (...) to
the minimum compatible with achieving his ends)」という原理である (cf. Horn
1989:192–3)。

　この点は、Carroll and Tanenhaus (1975) による「最小・最大原理 (Mini-Max
Principle)」に端的に表現されている。

（3） The speaker always tries to optimally minimize the surface complexity of his utterances while maximizing the amount of information he effectively communicates to the listener（話者は常に自己の発話の表面的な複雑さを最適に最小化しようとし、同時に、聞き手に有効に伝達すべき情報量を最大化するようにつとめる）　　　　（Carroll and Tanenhaus 1975: 51）

　言語の基本特性を規定する諸概念の中で、経済性は有標性と並んで、最も抽象度の高いものの一つである。このことは、同概念が説明力を発揮し、有意義な経験的帰結をもたらすためには、その背景として精緻で検証可能な理論的枠組みが必要であることを意味する。実際、経済性が実証的な研究の中で、その説明原理としての有効性を最初に発揮したのは、生成文法理論においてである。

　同理論における経済性導入の経緯とその位置づけについては Chomsky (1991, 1995, 1998) に詳しい。周知のように経済性は 1950 年代の初期理論において、競合する文法を選択する際の評価手続き（evaluation procedure）として導入された。1980 年代に入りいわゆる原理・パラメータ理論へ移行すると、個別言語の文法はパラメータ値の固定により唯一的に特定されることになり、評価手続きは不要になった。しかし、同時に経済性が理論の中核部でより基本的な機能を担っていることが明らかになり、現在のミニマリスト・プログラムにおいて経済性原理は理論の中枢に組み込まれることになる。そこではガイドラインとしての「最小労力」(the least effort) が、表示の経済性としては「完全解釈」(Full Interpretation) の原理として、また派生の経済性としては、例えば「最終手段」(Last Resort) や「最短距離」(Minimal Link) の条件として計算系の操作を実際に規制するもっとも基本的な原理となっている[1]。

　このように経済性は、上に見たさまざまなアプローチにおいてまず直観的に把握され、多くの関心を集めてきた概念であるが、現在では、言語機能の構成（とくに計算系）を支える基本原理でもあることは既に明らかであるといってよい。

　しかし、ここでもう一つその効果が実証的に明らかにされつつある領域

がある。言語の機能と運用に関わる語用論、特に Gricean Program (Grice1967, 1989) と呼ばれる領域である。本稿では Horn 1989/2001[2] およびそれにつづく Horn 1993, 2004 を基本資料とし、同領域における経済性の原理を、その論理的・経験的側面において考察する。

以下に見るように、経済性原理は広範な領域にわたって言語の本質を指し示すものであるが、Horn (1993) も Martinet (1962) から引用しているように、その効果、とくにその経験的帰結が明確に現れるのは、むしろ同原理が破られた場合である。本論の後半では、そのようなケースに注目する。

2. 基本問題

経済性原理の経験的な諸問題に入る前に、その適用領域——言語構造の生成にかかわる計算系(シンタクス)か、言語の機能と運用にかかわる語用論か——に関わらず、経済性原理(群)による説明がそもそも可能となるための条件を考えてみたい。結論を先に述べる。

(4) (i) 「経済性」概念の定義と原理(群)の定式化
　　(ii) 原理適用の対象領域(reference set)の特定
　　(iii) 複数の(対立する)原理群の適用の手順(algorithm)の明示化

これらは、経済性という概念が、言語という領域においてなんらかの経験的な帰結をもたらすための最小限の要件であると思われる。しかし現行の諸アプローチを見る限り、必らずしもこれらの要件がみたされているとは言いがたい。

ミニマリスト・プログラム (Chomsky 1995) をみると、言語演算に課される「最小労力」(the least effort) は原理として認識されているが、その対立項は明らかではない。つまり、最小労力という条件を課されながら果たさなければならない要請とは何か、それを要請している原理とは何か。より一般的には、統語的演算を駆動している要因とは何か、という問題になるであろう

か。例えば、派生の出発点である語彙集合(Numeration)の形成はなにによるのか[2]。これは言語知識(competence)の問題ではなく言語運用(performance)システムの問題であるとするなら、後者のシステムからの情報が計算系にとっても必要であるという可能性が生じる。

一方グライスのプログラムにおいては、経済性原理の対立する二項は(以下に見るように)明示的に定式化されているが、これらの原理の適用領域(reference set)は一部を除いて明らかではない。一般的に、語用論的にreference set をどのように規定するか、また規定することは可能か、ということが問題になろう。この点については、現在のところかなり直観的な了解に留まっているという感がある。以下では、(4)(i)–(iii)を参照枠として、言語の機能と運用における経済性の現れを検討する。

3. 経済性の二元モデル

自然言語の経済性に関する Horn (1984, 1989, 1993) のモデルについて、その最も基本的な特性をここで確認しておく。これはグライスのプログラムにおける数々の提案の中で、もっとも明示的なものの一つである[3]。

(5) 話者指向の経済性——最小労力の原理
   (i) 上限規定(upper-bounding)の原理
      必要なだけの貢献をせよ。必要以上の表現を避けよ。
   (ii) 下限規定(lower-bounding)の含意を派生
      必要なことは述べたのだから、これ以下ではない。
   (iii) 典型例：間接的発話行為
(6) 聞き手指向の経済性——情報量の原理
   (i) 下限規定の原理
      十分な貢献をせよ。可能な限り多くの情報を与えよ。
   (ii) 上限規定の含意を派生
      十分な情報を与えたのだから、これ以上ではない。

（iii）典型例：尺度含意

　　　　　　　　　　　　　　（Horn 1984: 385; 1989: 192–203; 2004:12–17)

　これら二つの原理は互いに反対方向に拮抗したものではあるが、拮抗と言っても単に同じ次元上のものではない。話者指向の(5)は「表現を最小化せよ」という発話の表現形式に関わるものであり、聞き手指向の(6)は「情報量を最大化せよ」という発話の情報内容に関するものである。つまり、最小・最大の対立と共に形式・情報量の対立が、同時並行的に存在する。
　第二に、これらの原理は相互に拮抗するだけでなく、相互依存関係にもある。つまり、互いの要請に制約されることによってのみ、それぞれが効力を発揮しうる。たとえば、話者指向の最小労力は、聞き手指向の要請がなければ、ただ沈黙に至るだけである。逆に、聞き手指向の情報量の要請は、話者指向の最小化の要請がなければ、無限につづく(関連性のない)発話を許容することになる。
　また二つの含意の動機づけについて「R-原理に基づく含意の動機は(Q-原理による推論のように)言語的なものではなく、典型的に社会的ないしは文化的なものである」(1989: 195)とも述べている。
　以上のことを考慮し、二元モデルを整理すると、次のようになろう。

（7）　二元モデルの構成要因

指向性	話者指向	聞き手指向
原理	上限規定	下限規定
極性	最小化	最大化
対象	表現形式	情報内容
含意	下限規定	上限規定
動機	社会・文化的	言語的

4. 経済性効果

　経済性は概念としての自然さと原理としての抽象性を合わせもつ。そして抽象的であればあるほど、その経験的な効果ないしは帰結を明確に捉えうる領域を求めるのは困難になる。Chomsky (1991) は計算系の内部にそのような領域を求め、英仏語の動詞の屈折と語順をめぐる諸問題に注目した。そして経済性(最小労力)の算定には派生の長さだけでなく、そこに関与する操作が普遍的なものか個別言語固有のものか(例えば、英語の do- 挿入)の別が介在してくることを示唆している。シンタクスにおいても同原理の経験的効果の全貌は明らかではない。

　計算系とならんで、経済性が深く関与すると思われる言語の機能・運用のシステムにおいてはどうであろうか。以下では、Horn (1984, 1989/2001[2], 1993, 2004) を中心として、主な事例を検討する。

4.1　語用論的労力の分業 (the division of pragmatic labor)

　具体的なケースに応じて、話者指向の (R-) 原理ないしは聞き手指向の (Q-) 原理のどちらか一方が優位にたつことが一般であるが(後述)、ある限られた場合に、両原理が互いを排除することなく、機能を分担することがある。形態論の Elsewhere Condition (Kiparsky 1973, McCawley 1978) から洞察を得て、Horn (1989: 197) が語用論的労力の分業と呼ぶケースである。即ち、

(8) Given two coextensive expressions, the briefer and /or lexicalized form will tend to become associated through R-based implicatrure with some unmarked, stereotypical meaning, use, or situation, and the marked, more complex or prolix, less lexicalized expression tends to Q-implicate a marked message, one which the unmarked form could not or would not have conveyed. (同義でありうる二つの表現が与えられたとき、より簡潔なそして / または語彙化された形式は、R- 原理に基づく含意により、無標のステレオタイプな意味、用法、状況に結びつく。一方有標

で、より複雑で冗長な、語彙化の程度が低い表現は、Q-原理に基づく含意により、より有標で、無標形式では伝達し得ない、または伝達しないメッセージと結びつく（拙訳））　　　　　　（Horn 1989: 197）

その核心は「同義の表現があるとき、より単純な表現形式はステレオタイプな意味を、より複雑な形式はそれ以外の意味を担う」というものである。典型例として、間接的発話行為の例があげられている。

（9） a. Can you pass the hot sauce?
　　 b. Do you have the ability of pass the hot sauce?
（10） a. Amanda killed the sheriff.
　　　b. She caused the sheriff to die.　　　　　（Horn 1989: 197–198）
（11） a. Lee stopped the machine.
　　　b. Lee got the machine stop.　　　　　　　　　　（Horn 1984）

より簡潔な（9a）は典型的な「依頼」を意味し、より複雑な（9b）はそれ以外の「字義どおりの」（例えば）腕を動かすことができるか、という意味を伝達する。同様に、（10a）（11a）と比べてより迂遠的な（10b）（11b）はそれぞれステレオタイプではないなにか特殊な状況を喚起させる。

　この関連付けはあくまでも一般的な傾向（tending to）であり、絶対的なものではないことが注意深く述べられているが、それでも残る疑問は、ステレオタイプの意味・用法・状況とはどのように定義されるべきものか、という問題である。Benz et al.（2006: 68–69）はこの問題に対して、ゲーム理論の観点から、Hornのいうステレオタイプは頻度と同一視しうるという立場をとる。しかし「頻度」がどのようにして意味的な「典型」と連合することになるのかが実証的に明らかにされなければならない。また先に見たように、R-原理による推論が社会・文化的に動機づけられているとすると、ステレオタイプの概念にもこれらの要因が関与してくることになる。
　またこの分業の前提となるのは、二つの表現が"coextensive"であるとい

うことであるが、これは同義 (synonymous) とはどう違うのか。Horn (1989: 521–524) は Appendix で persuade...not と dissuade との非対称をとりあげ、これらは（真理条件的には等価であるが）、否定を編入した dissuade の方が否定のもつ有標な含意を慣習化 (conventionalize) する程度が高いとして、これらは語用論的労力の分業の反例にはならないという趣旨のことを述べている。このことは、二つの表現の含意や慣習化の違いは、coextensive の定義には含まれないことを示唆しているとも解せられる。

　自然言語が、二つの拮抗する経済性原理の適用領域を分化し、その衝突を回避する仕組みを備えていることは注目に値する。しかしその環境は限られており、一方の原理の適用が他方に優先され阻止されるケースの方が多い。その時に必要となるのは「ある与えられた談話のコンテクストにおいて、二つの対立する原理と推論のストラテジーのどちらが優位に立つかを計算するアルゴリズム」(Horn 1989: 196) である。

4.2　優位性の対立

　話し手指向の最小労力の (R-) 原理と聞き手指向の情報量の (Q-) 原理のうち、どちらか一方のみが優先的に適用されるケースをいくつかみてみよう。予想されるように、現状では、いずれの場合も優位関係を計算する手順はもとより、そこに関与する多様な要因を一般的に特定することさえ困難である場合が多い（以下では、x > y は x が優先的に適用され、y を阻止することを示す）。

(12)　indefinite contexts:
  a.　I slept in a car yesterday.　　　　　　　　(Q > R)
  b.　I broke a finger yesterday.　　　　　　　　(R > Q)
(13) A:　Where does C live?
   B:　Somewhere in the south of France.　　(R > Q)
(14)　euphemistic flavor:
  a drop of something; the dog has done something;

　　　　someone asked after you this morning　　　　　　(R > Q)

　　　　　　　　　　　　　　　　　　　　　　　　　　(Horn 1989: 196–197)

経済性原理の優先関係が問題になる典型的なケースは、(12)–(14)のような不定表現を含む場合である。(12a)ではもし自分の車ならばそう言うべきであり、不定冠詞を用いているのはそうではないというQ-原理に基づく推論を誘発する。逆に(12b)では自分の指であるというR-原理に基づく推論が優先される。(13)はなんらかの特別な要請により居場所を通知できないという場合(協調の原理から逸脱する場合)を除いて、当の場所を知らないというQ-含意がえられる。(14)の婉曲表現も同様である。

(15)　redundant affixation:
　　　a.　thusly, fastly
　　　b.　reiterate, loosen
　　　c.　unboundless, untimeless　　　　　　　　　　　(Q > R)

(16)　doubles:
　　　DOG dog, SALAD salad, DRINK drink, CUTE cute　(Q > R)

　　　　　　　　　　　　　　　　　　　　　　　　　(Horn 1993: 43–45)

(17)　retronym:
　　　acoustic guitar, hard copy, analog watch　　　　　(Q > R)

　　　　　　　　　　　　　　　　　　　　　　　　　　　(ibid: 51)

(18)　傘 > 洋傘 > 和傘

事例(15)–(17)は、最小労力のR-原理が情報的な理由(情報量を増し、意味を特定化する)によってQ-原理に優先される場合(informational (Q-based) override of least effort)である(Horn 1993: 43–51)。(18)も(17)の類例といえよう。元々傘は和式のものだけであったが、西洋風のものが入り、やがてそれが典型となって、元の傘は和傘と呼ばれるようになった。いずれもより複雑な表現が典型的でない意味に対応する。

(19) a. Some, in fact all, men are chauvinists.　　(Q cancelled)
　　 b. Some but not all men are chauvinists.　　(Q reinforced)
(20) a. Kim was able to solve the problem but she didn't solve it.
　　　　　　　　　　　　　　　　　　　　　(R cancelled)
　　 b. Kim was able to solve the problem, and (in fact) she solved it.
　　　　　　　　　　　　　　　　　　　　　(R affirmed)
　　　　　　　　　　　　　　　　　　　　(Horn 1993: 52)
(21) 　double negation: not un A
　　　not unhappy (vs. happy), not unintelligent (vs. intelligent),
　　　not impolite (vs. polite)　　　　　　(ibid., 59; for motives: 62f)

　最小労力の違反は定義上なんらかの冗長性 (redundancy) を生じさせることになる。しかし例えば Q- 推論は (19a) では取り消され、(19b) では逆に強化されるが、いずれも適格である。同様に (20a) では R- 推論が取り消され、(20b) では冗長性を生じさせずに肯定されている。さらに (21) の二重否定は、対応する単純な肯定表現よりも「より長く、より弱い」(ibid., p.59) 点で R- 原理だけではなく、Q- 原理にも違反している。しかしここでは「修辞的に正当化されている」(rhetorically justified)、ないしは少なくとも「正当化されていないわけではない」(not unjustified) と位置づけられている。Horn (ibid., p.59) は Seright (1966) に言及し、この例においては、話し手の側の「安全確保」(loophole-procuremnt) として動機づけられるとする[4]。
　なお、優先の選択とそこから生じる含意については、少なくともつぎの三つを区別することが必要である。

(22) (i) R-/Q- 原理自体の内容 (労力の最小化か情報量の最大化か)
　　 (ii) 特定の状況の下で、どちらが優先され、どちらが阻止されるのか
　　 (iii) その結果としての含意の導出

　たとえば、先の (12a) では R- 原理が優先され、十分に特定的な情報が得ら

れない。その結果、Q-原理により（自分の車ならばそういうはずである）という特定の含意が得られる。逆に、(15)–(17) では Q-原理が優先されているが、その結果の何か特殊な意味が意図されているのであろうという含意はR-原理によるものである。つまり、ある状況において優先的に適用されなかった方が、実際の含意の導出において機能を果たしていることになる。

5. 反経済性効果

5.1 反経済性の条件

　経済性原理（群）が実際にどのように定式化されるにせよ、言語の機能・運用システムにおいて、情報を最大化し、労力を最小化することを要請する原理が働いていることは確かである。しかし、その経験的効果がもっともよく現れるのは、むしろ同原理（群）の適用が阻止され、経済性が破られるという状況が生じた場合である。では、どのような条件の下で経済性の違反（即ち、反経済性の発現）は許されるのであろうか。この点に関する従来の提案には次のようなものがある。

(23)　Optional operations can apply only if they have an effect on outcome. (Chomsky 2001: 34)（随意的な操作は、その出力になんらかの効果をもたらすときにのみ、適用可能である）

(24)　(…) illicit operations may still be used, in case the outputs of the computational system are insufficient for the interface needs of a given context. (Reinhart 2006: 105)（是認されない操作を用いることができるのは、計算系の出力がコンテクストのインターフェースによる要請にとって不十分なときである）

(25)　(…) the MLC (an operation of the least effort) … is interpretation-dependent——that is, it determines the most economical derivation relative to interpretative goals. (Reinhart 2006: 26–27)（MLC は解釈依存的である——つまり、解釈のゴールごとに相対化された最も経済的な派

生を決定する）

(23)の「随意規則」も(24)の「是認されない操作」も共に派生を適格に収束させるためには通常必要とされないものであり、この点、経済性（少なくとも最小労力の原理）に違反する。しかし両者とも「出力への効果」ないしは「インターフェイスによる要請」に対する働きにより認可される。また(25)が述べる解釈への「相対化」は、(23)の特別なケースとも考えられる。以下では、これらをより一般化したものとして、Kato (2008)で提案した(26)を仮定する。

(26) 反経済性条件（Anti-Economy Condition）
Economy conditions may be violated, only if its violation leads to a new effect that is otherwise not obtained. (Kato 2008: 42)（経済性条件の違反は、それが他の方法では得られない新たな効果をもたらすときにのみ、許容される）

5.2 非顕在的外部否定

ここで「非顕在的」というのは、形式の上では単純否定であるが、意味的に外部否定の解釈を受けることをさす。すくなくとも形式上は、最小労力の原理には違反していない（この点で、次節の「顕在的」とは異なる）。

否定は焦点助詞ないしは量化表現と共起するとき、(27)のような単文においては一義的な解釈しか受けないが、(28)のような限られた環境のもとでは、(29)–(31)のような特徴的な多義性を示す (cf. Hasegawa 1991; Kato 1991, 1994, 1997, 2000 等)。

(27) ジョンも来なかった
　　a. ジョンも来ないし他の人もこなかった
　　b. *ジョンも来たし他の人も来たということはない
(28) 否定の多義性を誘発する環境

(i)　条件文の前件ないしは疑問文　　　　　　　　(Hasegawa 1991)
　　　(ii)　否定的判断を示す動詞の補文　　　　　　(Kato 1991, 1994, 1997)
(29)　ジョンも来ないとこまる
　　a.　ジョンも来ないし他の人もこないとこまる
　　b.　ジョンも来るし他の人も来るということでないとこまる
(30)　ジョンも来ませんでしたか？
　　a.　ジョンも来なかったし他の人もこなかったのですか？
　　b.　ジョンも来たし他の人も来たということではなかったのですか？
(31)　全員が来ないとこまる
　　a.　一人も来ないとこまる
　　b.　全員が来るということでないとこまる

具体的な分析の検討はKato(1997)にゆずり、ここでは次の点を確認したい。つまり、(29)–(31)の二つの解釈(a)(b)は、それぞれ概略(32)(a)(b)のようになるが、これらは真理条件的に等価ではないということである[5]。

(32) a.　(〜X and 〜Y)はこまる
　　 b.　〜(X and Y)はこまる

さらに(27)に見られるように、単文における読みは(32a)だけであり(32b)の読みはないのであるから、(32b)は(28)という限られた条件のもとでのみ(32a)から派生的に得られると考えられる。Kato(1997)はその派生の操作として、(33)のような否定素性の移動を提案した[6]。

(33)　[$_{CP}$ [$_{IP}$ [$_{IP}$ ⋯ nai] NEG] [$_C$ AFC]]　　　(Kato 1997: 32(10))

ここで、否定素性(NEG)は、CP内の疑問の「か」ないしは主文の主動詞により認可されるときのみ(AFCと表示)、IPに付加される(但し、次節

の虚辞否定の場合とはことなり、NEG は IP の外層に留まる。この点で Hasegawa 1991 の分析とも異なる)。

では、操作 (33) は経済性原理の観点からはどのように位置づけられるであろうか。まず、注意すべきは、先の (32a) の解釈はそれだけですでに適格な解釈であり、そこからさらに (32b) の解釈を導きだす (33) は、明らかに余分で、経済性に違反した操作である。一方、前節の (24) (25) に引用した Reinhart (1995) の見解によると、(i) 経済性という概念は解釈に相対化される、つまり操作の結果、異なった解釈が得られるのならばその操作は経済性原理に違反してもよい。また (ii) そのような操作は狭義の計算系内ではなく、概念システムとのインターフェイスにおいて適用する。

経済性が解釈に関して相対化されるとすると、(29)–(31) における (a) (b) は (真理条件的にも) はっきりと異なる解釈であるから、この場合には経済性に違反する操作である (33) の適用も許されることになる。これは先の反経済性条件 (26) が予測する範囲内にある。

5.3　顕在的外部否定

ここで「顕在的」というのは、表現形式においても意味解釈においても外部否定の特性を示すことをさす。単純否定にくらべると、(「非顕在的」のケースとは異なり)、すでに形式において最小労力の原理に違反していることになる。

(34) a.　すべて論理的ではない　　　　　　　(Q～ / ～Q)
　　 b.　すべて論理的であるわけではない　　(～Q)
(35) a.　ビールは一年中おいしくない　　　　(Adv ～)
　　 b.　ビールは一年中おいしいわけではない　(～ Adv)
(36) a.　美しさだけを追わない　　　　　　　(dake ～ / ～ dake)
　　 b.　美しさだけを追うわけではない　　　(～ dake)　(Kato 2008: 43–44)

(34b) (35b) は実際の用例であるが、それぞれ「したがって、どの推論が論

理的であるかをまず決めなければならない」「秋は味が落ちる」と続き、量化表現と副詞が否定されて、いわゆる部分否定の解釈が可能でなければならないことがわかる。それぞれの単純否定との違いは、(34) では多義性の解消、(35) では相対的作用行域の反転である。

　ここでも基本的な問題は、それぞれ単純否定の表現が可能であるにもかかわらず、なぜ経済性に反してまで、より複雑な外部否定表現をもちいるのか、さらにはなぜそのような違反が許されるのか、ということである。これらが (違反にもかかわらず) 適格なのは、すでに明らかなように、反経済性条件 (26) と (その系とみなされる) Reinhart の相対的経済性の概念を満たしているからである。

5.4　メタ言語否定

　メタ言語否定については、特に Horn (1985, 1989) 以降、多くの先行研究がなされてきた。しかし、(i) 記述的意味とメタ言語的意味との相対的関係、(ii) 文形式とそれぞれの意味との派生関係、との両面において見解の一致は得られていない。ここでは、(i) と (ii) を共に扱おうとする一つの試みとして加藤 (2009) より (37) をあげる。

(37)　(i)　計算系 (シンタクス) と概念系とのインターフェイスが関与する
　　　(ii)　計算系は中立的な反転演算子 (reversal operator) のみをもつ
　　　(iii)　概念系は (a) 論理、(b) 語用、(c) 認知、の三つの層 (layer/plane) からなる
　　　(iv)　反転演算子が、概念系の (a) の層へ写像され解釈されれば、記述的 (論理的) 解釈が得られ、(b) の層ならばメタ言語的解釈が得られる
　　　　　　　　　　　　　　　　　　　　　　　　（加藤 2009: 270–273）

シンタクスから概念系への写像のプロセスとそこでの解釈の仕方の詳細は未だに明らかではないが、ここでは一体どのようなときにメタ言語的解釈が行われるのか (ないしは強要されるのか) を考えてみよう。

(38) You didn't eat some of the cookies, you ate all of them　　（Horn 1989: 384)
(39) John didn't have a drink——that was a Shirley Temple [nonalcoholic beverage] (ibid., p.390)

ここで否定されているのは、(38) では "some" のもつ上限規定の含意 (not all) であり、(39) では "drink" のもつ言語慣習化された意味（アルコールの酒を飲む）である。これらはメタ言語否定の典型といってよいが、このメタ的な解釈に至る過程について Horn は「否定が記述的に解釈することができるときには、そのように解釈されなければならない。つまり、メタ言語否定は構造的にそうであるのと同様に心理言語学的にも有標である」(Horn 1989: 391) と述べている。

メタ言語否定の解釈を得るためには「遡及的に再処理 (retroactively reprocessed) されなければならない」が、これは「否定が記述的に首尾一貫して解釈することができないときのみ」である (ibid.)。ここでの遡及的再処理とは、派生の過程を遡って、先に得られた解釈を破棄し、もう一度解釈をし直すことである。これは明らかに、最小労力の原理に反する。ではなぜ「遡及的に再処理」してまで、意味をとることが必要なのであろうか。

まずこのケースは、経済性概念を意味解釈に対して「相対化する」(Reinhart 1995) という方向とはやや異なっている。つまり、相対化の場合には、すでに得られている解釈はそれ自身適格なのであるが（つまり、派生がそこで止まっても破綻しないが）、その上で（適格性の観点からは）余分な操作を行うことができるのは、それによって得られる新たな解釈が元の解釈と異なる場合である、ということである。

一方、メタ言語否定の解釈の場合には、単独では記述的否定として適格である文が、ある文脈に入ると文脈全体の意味が首尾一貫しなくなり、そのままでは（文脈的に）不適格になってしまう。そこで記述的に適格であったはじめの解釈に立ち戻り、それを破棄して、文脈全体の整合性を保証するような解釈に変える。こうして再処理された解釈は（通常）メタ言語的特性を示す。つまりここでの操作は、そのままでは文脈的に破綻してしまう文に新たな解

釈を与えることにより、それを適格なものにするという効果をもつ。

　結果的には、Reinhart の場合と同様に、メタ言語否定の場合も先の反経済性条件(26)を満たしていることになる。

5.5　虚辞否定

　否定辞は形式的には顕在的に存在していても、意味的には存在していないかのように（ないしは意味的に空のように）振る舞うときがある。例えば、イスパニア語のいわゆる N- 表現（N-words）の分布をみてみると、

(40) a.　Nadie (*no) comió manzanas
　　 b.　Juan *(no) comió nada　　　　　　　　(cf. Bosque 1980, Laka 1990)

N-word が(40a)のように動詞の前（この場合は主語位置）にくるときには、文否定を表す no は現れないが、(40b)のように動詞の後（この場合は目的語位置）にくると、no が現れなければならない。No も N-words もどちらも否定素性をもつが、(40b)は二重否定の意味にはならず、単純否定を表すだけである。つまり、この場合(40b)の no は顕在はするが意味的には空である。このようなケースを虚辞否定（pleonastic negation）と呼ぶことにする。

　もう一つ(41)のような日本語の構文も同様な見方が可能かもしれない。

(41) a.　彼は何も食べなかった
　　 b.　誰もリンゴを食べなかった

Watanabe (2004) は、この構文において、否定の意味を担っているのは「何も」「誰も」の方であり、派生の過程で一連の素性操作が行われ、その結果、否定辞「ない」は意味的に空になるという分析を提示している。もしこの主張が正しいとすると、日本語における虚辞否定現象の一つとなる[8]。

　しかしここで考察したいのは、いわば談話構造のなかで虚辞否定となると思われるつぎのような現象である。例えば、

(42) ナイ カ
    a. 言語には遺伝による特性ではないかと思われるものが確かにある
    b. なんだ、みんな知ってるんじゃない（か）
    c. 寒くて、風邪をひかないか心配だ
    d. サンタがはやく来ないかなー

(43) ナイト
    a. 早くこの仕事をやってしまわないと
    b. 彼には絶対来てもらわないとこまる

(44) ナイ？/！
    a. あした、コンサートにいかない？
    b. きっと、そうなんじゃない？
    c. これおいしいよ、食べてみない？

これらの否定辞ナイは、(45)(i)–(iv)のような特性をしめす。(ii)–(iv)を(46)–(48)に例示する。

(45) (i) 否定の意味をもたない
    (ii) 過去形にならない
    (iii) 否定極性項目（NPI）を認可しない
    (iv) 部分否定（～Q）の解釈にならない

(46) 過去形にならない
    a. *サンタがはやく来なかったかな
    b. *彼には絶対来てもらわなかったとこまる
    c. *これおいしいよ、食べてみなかった？

(47) NPIを認可しない
    a. *サンタしか／誰も 早く来ないかなー
    b. *彼にしか／誰にも絶対来てもらわないとこまる
    c. *何も食べてみない？

(48) 部分否定（～Q）にならない

a. みんな早く来ないかなー　　　　　(Q ～)/*(～ Q)
b. この仕事を全部やってしまわないと　(Q ～)/*(～ Q)
c. 全部食べてみない？　　　　　　　(Q ～)/*(～ Q)

この虚辞構文の形式面での一つの特徴は、さきに非顕在的外部否定 (5.2 節) で見た「ジョンも来ないと困る」「ジョンもきませんでしたか？」の構文と同様に、「カ」や「ト」のような補文標識、ないしは「？」「！」の疑問・強調の標識を含むことである。ただ、両者がはっきりと異なるのは、非顕在的外部否定の場合にはナイは否定の意味を保持し、NPI 認可に関しても通常の否定辞のように振る舞うことである。

　ここでは、これら二つの構文特性の違いは NEG の統語的な位置の違いにあると仮定し、NEG は、非顕在的外部否定の場合には (49)(= 33) のように IP 領域の外層にとどまるが、虚辞否定の場合には (50) のように CP 領域まで上がると提案する。

(49)　[CP [IP [IP … nai] NEG] [C]]]　　(非顕在的外部否定)

(50)　[CP [IP [IP … nai]] [NEG C]]]　　(虚辞否定)

ここでの基本問題は、少なくともつぎの二つである。

(51)　(i)　IP/CP 領域と上述 (45)(i)–(iv) の特性の有無との対応
　　　(ii)　そもそもなぜ否定の虚辞化という現象が存在するのか

経済性の問題と直接に関わるのは、(51)(ii) で問われているこの種の否定辞の存在理由であろう ((i) については他の機会に検討する)。つまり意味的にも機能的にも通常の否定辞の働きを示さない否定辞がなぜ形式的には存在するのか。これは (話者指向の) 最小労力の観点から見れば、明らかに反経済的

な現象であり、逆にそれが許容されているという事実はその反経済性に見合う(ないしはそれを上回る)なんらかの効果が得られていることを意味する。ではその効果とは何か。さらになにがその効果を要請しているのか。

(42)–(44)のデータを見る限り、虚辞の否定辞は(否定の意味がないにもかかわらず)、肯定形に置き換えることができないか、または置き換えることができたとしても意味が変わってしまうかのどちらかである(例えば、「ではないかと思われる」と「だと思われる」、「早くやってしまわないと」と「早くやってしまうと」では意味・機能が異なる)。個々のケースの効果とその要請要因の特定は今後にまたなければならないが、それらが具体的にどのようなものであれ、その結果は「反経済性条件」の範囲に収まると予想される。

注

1 経済性の概念を自然科学に遡って詳細に論じたFukui (1996)を参照。また実験心理学の分野における最小労力に関する先駆的な研究にZipf (1949)がある。
2 語彙集合(Numeration)の形成についてReinhart (2006: 35–36)は、Fox 2000の枠組みに関連して次のように述べ、その問題点を論じている。
   "(…)interface needs determine the shape of the numeration; (…)it is at the stage of choosing the building blocks for the derivation that speakers select items according to what they want to say." (ibid., p.36)(インターフェイスにおける必要性が語彙集合の形を決定する。話者が言いたいことに従って語を選ぶのは、当の派生のための素材を選択する段階である)
3 同プログラムにおけるもう一つの試みとしての関連性理論(Sperber and Wilson 1986, 1995、等)との関係については、Horn (2004: 28, fn.13)を参照。
4 二重否定の他の一連の動機については、Horn (1993: 62 (29) (a)–(f))に包括的なリストがある。
5 〜X and 〜Yと論理的に等価なのは、〜(X and Y)ではなく、〜(X or Y)である。
6 関連する先行研究の批判的検討については、Kato (1991, 1997)を参照。

第 7 章　経済性と均衡
——サピア・グライス・ホーン——

1. はじめに

　サピアは、著書『言語』(1921) の中で「対称性」「バランス」「最適性」などの概念と共に「経済性」について、けっして体系的にではないが、言及している。例えば「すべての言語は、表現の経済性への内在的な傾向をもっている」(同 p.37) ことを強調する。同時に、言語にはさまざまな種類の「ランダム性」「不規則性」といった反経済的な要因が観察されることを認め、「すべての文法には破れがある」(all grammars leak, p.38) という有名なことばを残している。これら相反する認識が与えられたとき、問うべきは、(i) このような経済的、反経済的な傾向ないしは特性は、それぞれ独立にどのように働いているのか、(ii) それらは、言語というシステムの全体的な均衡に向けて、どのように相互に作用し合っているのか、という問題である。

　本章では、これらの基本問題について予備的な考察を行いたい。説明の便宜上、言語の経済性につぎのような三つの現れ方を区別する。

(1)　(i) 　形式的(formal)経済性
　　　(ii) 　計算上の(computational)経済性
　　　(iii) 機能的(functional)経済性

このうち (i) と (ii) は、構造表示ないしは基本操作に関わり、(iii) はその使

用・運用に関わるものである。これらの中で、サピアが扱っているのは、形式的および機能的経済性である。

2. サピアの（反）経済性

2.1 主な観察

　経済性の概念の重要さを認識し、その本質を論じたのは、サピアが最初であるわけではない。たとえば、ヘルマン・パウル (Herman Paul 1888) による詳しい考察がある (L. ホーン（私信）[他の学派からの言及については加藤 2014 等参照])。しかし、ここでは Sapir (1921) の関連箇所からいくつかを引用する (拙訳、より包括的には加藤 1999 参照)。

（２）　形式的経済性
　　　(ⅰ)　すべての言語には、表現の経済性への内在的な傾向がある。もしこの傾向がなければ、文法なるものは存在しないであろう (同、p.37)。
　　　(ⅱ)　多くの言語の構造的特徴から(…)、非常に多様なタイプの形式的経済性への洞察が得られる (p. 146, fn.28)。
（３）　機能的（ないしは話者指向の）経済性
　　　(ⅰ)　何らかの文法的概念を伝達する最も簡潔な、少なくとも最も経済的な、方法は、いくつかの語を［互いの関連を明示しようとはせず］単に並列することである(…) (p.62)。
　　　(ⅱ)　(…)文法とは、その言語の話者によって直観的に把握されている形式的経済性の総体であると定義される (1933/1949: 9)。
（４）　反経済性（ないしは不規則性）
　　　(ⅰ)　すべての言語には連合の冗長性、つまり概念と言語表現との対応関係に冗長性がみられる (p.37)。
　　　(ⅱ)　もしある言語が完全に「文法的」ならば、それは概念的表現の完全 (perfect) なエンジンになる。不幸にして、あるいは幸運にも、

専横的に首尾一貫している言語はない。全ての文法には破れがある(p.38)。
(5) 均衡・バランス・対称性
  (i) (…)言語の歴史の背後には、言語をバランスのとれたパターン、即ちいくつかのタイプに向かって動かす強力なドリフトがある(p.122)。
  (ii) 形式上の類型は、機能上の類型に、同一ではないにせよ対称的に、関係付けられなければならない。(…)形式的な分布の不規則性［ここでは which, what, that に対する who と whom の不規則性］を正す唯一の方法は whom を捨て去ることである。(…)これがなされれば、who は他と同類になり、形式的な対称性へのわれわれの無意識的な希求は満たされる(p.158–159)。

2.2 基本問題

　サピアのこれらの言明は、全体として反証可能な仮説や統一的な理論には至っていないが、経済性と反経済性という相反する側面が同等の言語学的重要性をもつという認識を示す点で注目される。そこで問題になるのは、次の点である。

(6) (i) 言語の経済性は、どのような原理によって保証されているのか？
  (ii) 反経済性は、どのような条件の下で発現するのか？ そしてそれはなぜか？
  (iii) 経済性と反経済性は、言語の全体的なシステムの均衡を得るために、どのように関係し、または相反しているのか？

これらの問題は、サピアからの引用にもはっきりと認められるが、以下では語用論、とくにグライスの研究プログラムに注目して考察する。

3. 語用論における経済性
――グライスの研究プログラムとその発展――

　元来抽象度の高い経済性の問題は、どの研究領域においても、明示的に定式化された原理群が提出されてはじめて、検討が可能になる。ここでは、語用論的な含意に関するグライスのプログラムとその延長上にあるホーンの二元モデル(Horn 1984, 1989, 1993)をとりあげる。

　1967年にハーバード大学で開かれた一連のウィリアム・ジェイムズ記念講義で、ポール・グライス(Paul Grice)は、論理学的演算子(∧, ∨, →, ～)と日常言語におけるそれらの対応表現(たとえば英語では、and, or, if-then, not)との間にみられるズレを説明するための新たなアプローチを提案した。確かに誰でも認めるように、論理学と日常言語におけるこれらの演算子の振る舞いは異なっている。たとえば、and は and both(共通部分)という論理的な意味だけでなく、and then(時間的に後)、ないしは and 前後の二つの事態に何らかの関連があると通常解釈される。しかしグライスの基本的な主張は、双方が内在的にもつのは論理的な意味だけであり、それらの見かけ上のズレは、両者に共通の論理的な意味と、自然言語における会話一般を統制している原理群との相互作用によって生じる、というものである。そして当該の一般原理群として(7)のような理論的モデルを提案した(詳しくは、Grice 1967, 1989; 安井 1978, 太田 1980, Horn 1989, 等を参照)。

(7)　グライスのモデル(Grice 1967, 1989)
　　(i)　協調の原理
　　(ii)　会話の公準(質、量、関係、様態)

　このようにグライスの当初の関心は論理と言語とのズレにあったのだが、その中心的な主張は、会話の公準のモデルが、いわゆる語用論的含意を説明する効率的な手段としても機能することを示している。つまり、話者によって発話されたこと(what is said)と実際に伝達されたこと(what is meant)との間のギャップを橋渡しする機能である。そしてこの機能こそ、後期(post -)

および新 (neo-) グライス学派の中心テーマとなって来たものである。
　例えば、後期グライス学派の関連性理論では、グライスのシステムは、(8) のような単一の原理に還元されると主張されている。一方、新グライス学派では (Horn 1984, 1989 で提案されているように)、質の公準はそのままとして、他の公準は (9) のような、二つの対立し合う経済性原理に還元しうると主張される。

(8) 関連性原理 (Sperber and Wilson 1986; Carston 1996: 231)
　　ヒトの認知活動は、関連性を最大化するという要請により駆動される。即ち、最小の労力により、可能な限り大きな文脈効果を産み出すことである。
(9) 二元モデル (Horn 1984: 385; 1989: 194)
　(i) Q- 原理 (聞き手指向)
　　　充分な貢献をせよ —— (R- 原理の下で) できるだけ多くの情報を与えよ。下限規定の原理で上限規定の含意をもたらす。
　(ii) R- 原理 (話し手指向)
　　　必要なだけの貢献をせよ —— (Q- 原理の下で) 必要以上の情報を与えるな。上限規定の原理で下限規定の含意をもたらす。

関連性理論は、二元モデルと対照的に、グライスの公準群を単一の原理 (8) に還元した点で一元論的であるとしばしば言われる。しかし、Horn (2004) が述べているように、関連性の概念自体は「労力と効果の最小・最大均衡」として定義されている点で、二元論的である。この労力と効果は R- 原理 (9ii) と Q- 原理 (9i) にそれぞれ対応している。ただ、関連性理論では労力を話し手ではなく聞き手に結びつけている (同 p.28, fn.13)。両アプローチの基本的な平行性を仮定し、以下ではホーンのモデルに基づいて議論を進める。経済性のもつ二元性をより明示的に捉えているからである。

4. ホーンの二元モデルにおける（反）経済性

　ホーンの二元モデルにおいては、聞き手指向のQ-原理は情報量の最大化に関わり、上限規定の尺度含意（some not all）をもたらす。一方、話し手指向のR-原理は、最小労力の原理であり、特に間接的発話行為などの効果をもたらす。これら二つの原理の及ぶ範囲は、形態論（いわゆる阻止効果）、シンタクス・意味論（否定辞繰り上げ、能格性、スイッチ照合、代名詞回避）、語用論・文体論（ポライトネス、誘導推論、メタ言語的および二重否定、比喩的表現）などに及ぶ（詳しくは Horn 1984, 1989 参照）。

　これら二つの原理はしばしば対立ないしは相互に矛盾した効果をもたらすが、典型的な場面では、Horn (1984, 1989) が「語用論的労力の分業」(the division of pragmatic labor)とよぶ原理の下で協調的に働く。即ち、二つの同じ意味範囲をもつ表現があるとき、無標ないしはより簡潔な形式が（R-原理によって）無標ないしは典型的な意味・状況に結びつけられる。一方有標ないしはより複雑な形式は（Q-原理によって）無標な形式では意味され得ない有標ないしは特殊な意味・状況に関係付けられる。

　例えば、二つの文(a) "Can you open the window?"（窓を開けることができますか？）と(b) "Do you have the ability to open the window?"（窓を開ける能力をおもちですか？）が与えられたとき、(a)は典型的に間接的発話行為としての依頼（窓を開けて下さい）と解釈され、(b)は（慣習的な意味・用法以外の）文字通りの質問と解釈される。この機能の分担は、二つの経済性原理が達成している均衡の一例である。

　ここで注目されるのは、ホーンのモデルが、いかなる言語理論も欠くことの出来ない基本的な概念からなっているという点である。つまり、(i)聞き手指向の経済性である「情報量」の要請、(ii)話し手指向の経済性である「最小労力」の要請、そして(iii)語用論的労力の分業に関わる「有標性」の概念である。このモデルの構成が概念的に極小であるかぎり、今後も経験的、理論的考察の対象となろう。

　当初 Horn (1984, 1989) は経済性原理とその機能を確立することに主力を

おいていたが、その後 Horn (1993, 2004) では経済性原理の予測に反した反経済性の現象が考察の中心を占めるようになった。例えば、冗長的な接辞、二重否定、同一語の繰り繰り返し、前置の問題、修辞的対比、緩叙法ないしは控えめな修辞的表現、などである。例えば、(10) のような冗長的接辞、(11) のような同一語の繰り返しを見てみよう。ここでは R- 原理が Q- 原理によって覆されている。

(10) 冗長的な接辞：un-X-less (Horn 1993: 44)
unboundless, unhelpless, unmatchless, unnumberless, unquestionless, unshapeless, ...

(11) 同一語の繰り返し：XX (Horn 1993: 50)
a. Is that your FRIEND friend, or [pause] FRIEND (with ^^)?
（あの人は、典型的なお友達なの？　あるいは特別な人？）
b. Is that a DRINK drink, or just something to drink?
（あれは典型的な（アルコール）の飲み物なの？　あるいはただの飲み物？）

(10) では un- と -less は両方とも否定接辞であるが、共起しても二重否定には至っていない。例えば、unmatchless は unmatched ないしは matchless を意味し、not matchless を意味しない。ここでは、un- は虚辞ないしは強調要素として機能している。つまり、R- 原理は、強調という語用論的な効果のために違反されている。(11) では、同一の語の繰り返し、それは明らかに冗長であるが、意味領域の限定という効果をもたらしている (Horn 1993: 51)。意思伝達の必要性によって潜在的な冗長性が容認されており、R- 原理違反のもう一つの例でとなる。

ホーンは「言語学的な冗長性は、経済性に対する主要な、根拠のある反例となる」(Horn1993: 68) と述べているが、反経済性が許される一般的な条件を示してはいない。しかしながら、それは、先のサピアの観察によって必然的に提起された基本問題 (6) を追求する最初の試みであると解せられる。

5. （反）経済性の相関

　ホーンの枠組みの中で、先の(反)経済性に関する基本問題(6)に立ち返ろう。経済性原理についての問題(6i)については、ホーンの二元モデルを仮定する。また、経済性と反経済性との関係および均衡の問題(6iii)については、以下の(12)のような階層を一般的な枠組みとする(Kato 2008 を一部改訂)。

(12)

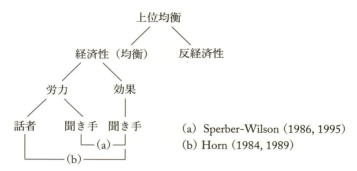

　ここにおいて経済性は、語用論的労力の分業を介して、労力と効果との均衡として定められる。反経済性の要因は、言語システムの全体的な(上位)均衡を達成するために、ホーンのシステムの外で働いていると考えられる。言うまでもなく、反経済性という現象は、経済性についての明確な基礎があってこそ、成立する。この意味で、ホーンと我々の見通しは、サピアの直観と一致すると思われる。

　また、先にも言及したが、経済性は、関連性理論においてもホーンの二元モデルにおいても、労力と効果との相関により得られるが、この二つのアプローチは、労力が聞き手のものか、話し手のものか、という点で異なっている。この点は、二つのアプローチを単に本質的に同等のものとは見なせない可能性を示しており、労力の位置づけについては今後の検討が必要である。

　先の基本問題(6ii)に戻ると、まずどのような条件の下で、反経済性は現

れるのかを考えなければならない。一つの可能性として、ここでは(13)を提案する。

(13) 反経済性条件
　　経済性原理が破られてよいのは、その違反によって他の方法では得られい新たな効果が生じるとき、およびそのときのみである。

この条件への直接の証左は、Horn (1984, 1989, 1993) で論じられている英語の二重否定である。また Horn (1984: 23–25) では、代名詞回避の現象にグライスの原理が関連しているという Chomsky (1981) の見解に言及している。
　以下では、日本語のいわゆる外部否定に焦点を当て、経済性の違反が特定の意味的ないしは語用論的効果によって補われていることを示す。

6. 経済性と外部否定

　外部否定とは、(14b) のように、「わけ、の、こと」などのいわゆる形式名詞を「橋表現」(bridge expressions, Kato 1985, 1987) としてもつ構文をさす。

(14) a. 太郎が来なかった
　　 b. 太郎が来た {わけでは / のでは / ことが} ない

形式的な観点から見ると、(14b) の外部否定は、明らかに最小の表現をせよという最小労力の原理 (R-原理) に違反している。より単純な (14a) に比べて、より長く複雑な形式だからである。反経済性原理 (13) が正しいとすると、外部否定は、より単純な否定では産み出すことができないような特定の効果をもたらしているはずである。この観点から、条件 (13) への証左となる事実をみていく。

(15) 量化表現との相対的作用域(反転ないしは多義性の解消)

a.　全て論理的ではない　　　　　　　　（∀～ / ～∀）
　　　b.　全て論理的であるわけではない　　　（～∀）

出典では、(15b) は「従って、論理学の発端は、多様で可能な推論の中で、どの推論が論理的であるかを決定する試みにあった」(鬼界 2003: 46) と続き、部分否定の読み (～∀) であることを示している。

(16)　副詞的表現との相対的作用域（反転）
　　　a.　ビールは一年中おいしくない　　　　（Adv ～）
　　　b.　ビールは一年中おいしいわけではなく、（～ Adv）
　　　　（…）秋は味が落ちる
(17)　焦点助詞との相対的作用域（多義性の解消）
　　　a.　美しさだけを追わない　　　　　　　（ダケ ～ / ～ ダケ）
　　　　――だから美しい　（CM）　　　　　　（文脈で多義性解消 ～ ダケ）
　　　b.　美しさだけを追うわけではない　　　（～ ダケ）
(18)　理由の副詞句との相対的作用域（反転）
　　　a.？ぼくは風邪ぎみなので、ビールを飲まなかった　　（ので ～）
　　　b.　ぼくは風邪ぎみなので、ビールを飲まなかったわけではない
　　　　　　　　　　　　　　　　　　　　　　　　　　　（～ ので）

外部否定は形式上は（単純否定に比べて）より非経済性的な表現であるが、例 (15)–(18) が示すように、対応する単純否定が伝達し得ない論理的・意味的・語用論的効果を産み出している。これらの事実は、上述の反経済性条件 (13) への証左とみなされる。

7.　結論

　以上、自然言語における経済性条件をとりあげ、それが（反）経済性に関わるサピアの観察に端を発することを論じた。本稿では主に語用論の領域に関

心を絞り、グライスの研究計画に基づく最新の展開であるホーンの二元モデルを取り上げた。特に、自然言語における経済性と反経済性の相対的な関係を考察し、原則(13)を経済性違反への制限として提案した。

　最後に、反経済性条件(13)は、シンタクスにおける随意操作への条件と本質的に同型であることを指摘したい。即ち、

(19)　随意操作は、それが出力にある効果を与えるときにのみ、適用可能である。
　　　　　　　　　　　　　　　　　　　　　　　　　(Chomsky 2001: 34)

随意的な操作は、当該の派生がその適用がなくても収束するという意味において、定義上、反経済的である。条件(19)は、随意操作はその適用が出力(論理形式ないし音声形式)に特定の効果を及ぼすときにのみ適用可能であると述べる。この条件(19)と先の提案(13)とが正しいとすると、シンタクスと語用論は少なくとも経済性に関しては、同型であるという予想を立てることができよう。

* 本章は拙著 "Economy in Language and its Equilibrium: Sapir, Grice, and Horn" *Bulletin of the Edward Sapir Society of Japan* [『研究年報』日本エドワード・サピア協会] 22 (2008), pp. 35–46. を一部改訂の上、訳出したものである。初出版の作成にあたっては、日野水憲、ローレンス・ホーン、故長嶋善郎の諸氏から助言を受けた。ここに、思い出を込めて、謝意を表する。

英文要旨

The Logic of Horn's *A Natural History of Negation*

Chapter 1   Basic Perspectives: Why Negation?

One of the fundamental queries about negation might be: "why do you study negation at all?" As a possible response, we attempt to show that negation occupies the crossing point of several important perspectives and research areas, and thus explication of negation will affect vast relevant areas in linguistic theory. Included here are at least: (i) the figure-ground reversal of language and cognition, (ii) structural relations and context factors, (iii) logical and non-logical factors, and (iv) interaction with economy principles.

Chapter 2   Horn — Logic and Meaning of Negation

Laurence R. Horn, a leading scholar in contemporary semantics and pragmatics, published *A Natural History of Negation*, a voluminous, but highly condensed, work in 1989. In this book, Horn deals with almost every major theoretical and empirical issue in the study on negation and related matters, tracing back their origins through twenty-four centuries, and proposes a research program with original principles that has inspired and reoriented research in this field thereafter. Since negation is undoubtedly one of the defining properties of human language and cognition, Horn's work deserves careful and intensive examination, especially to establish perspectives for future research.

Chapter 3   In Search of Explanation

This chapter is an attempt to extract several major issues discussed in *A Natural

History of Negation to elucidate the essential nature of Horn's investigations, and to discuss and locate the major results viewed from current theoretical linguistics. First, we will discuss the nature of explanation in linguistic theory, and argue that the orientation for deeper explanation, especially the search for "principled explanation," advocated in the Minimalist program (Chomsky 1995, 2004a, 2005), has been independently pursued in a parallel fashion in the neo-Grician program (Horn 1984, 1989, 2005) where studies on negation have played a significant role.

Chapter 4 Computation of Scalar Implicature

The present essay is concerned with what I will call the Horn conjecture and pursues its empirical and theoretical problems in the light of recent developments in related fields. The Horn conjecture is an overarching generalization put forth by Horn (1989, p.234) in which environments for the suspension of scalar implicatures in the neo-Gricean sense and for the licensing of negative polarity items are, in fact, identical, and that they are defined as so-called downward entailing contexts (Ladusaw 1979).

If this conjecture is correct, i.e., if "ordinary scalar implicatures are systematically suspended in the very contexts that license elements like *any* [i.e., NPIs, YK]" (Chierchia 2004: 40), then a simple and natural move is to ask why this is the case, why these seemingly unrelated systems for implicature suspension and NPI licensing should work in the way they do. As a step to a final solution of the problem, I will concentrate on the computational properties of scalar implicatures, identify the basic issues to be pursued, and explore the validity of empirical and theoretical findings presented in recent work, especially in Chierchia (2004) and Reinhart (2006).

Among the major issues are whether scalar computation is local or global in nature, and whether the computation is triggered as a lexically-induced operation of scalar expressions or whether it is performed only as the last resort option when contexts require its operation. Some remarks on the future direction of research will also be presented.

Chapter 5 Metalinguistic Negation

Natural language exhibits a clear built–in duality of negation: what Horn (1985, 1989/2001[2]) terms as descriptive negation, which is truth-functional in nature, and metalingusitic negation, which has a vast range of non-truth functional propterties. The present essay concerns the interrelation of these two types of negation, and proposes that neither of them is derived from each other, but independently derived from a more basic concept which I call *reversal operator*.

First, we scrutinize the Horn's main texts and conclude that he leaves open a few possibilities concerning the interrelation in question. Specifically, the possibilities are that (a) these two types have distinct operators, or (b) metalinguistic negation has an operator of its own, and obeys some extended use of (i) a truth-functional operator (with descriptive negation), or of (ii) a certain operator whose nature is not yet specified.

Our proposal is that the faculty of language has the reversal operator alone and that the conceptual system that interfaces the former is equipped with at least the layers/levels, which are logical, pragmatic, and cognitive in nature. The duality of negation is a consequence of which layers/levels of the conceptual system the reversal operator applies to. If it applies to the logical layer, it induces logical effects of reversing the truth-values, hence the effect of truth functions; if it applies to the pragmatic layer, it produces an array of pragmatic effects of metalinguistic negation, and if it applies to the cognitive layer, it induces, for instance, the figure-ground reversal.

On a more general ground, we will consider whether the Gricen Program, which Horn's and Relevance-theoretic approaches are crucially based upon, is tenable (or has been practiced as Grice had envisaged), especially when applied to the duality of negation. While truth-functional operators are (by definition) only sensitive to truth-values of target propositions, typical instances of pragmatic affairs lack the status of proposition and/or truth-values. Hence, truth-functional operators would not interact (in principle) with pragmatic factors in any simple manner. Conversely, if they apparently interact with pragmatic objects, they are by no means truth-conditional in nature. The resolution of this situation is a problem we posit for further studies.

Chapter 6   Economy Effects

In an earlier article on economy in language, Chomsky (1991) once wrote that "[w]hat I would like to do here is to search for some areas where we might be able to tease out empirical effects of such guidelines [of economy]..." (ibid., 418) With this theme in mind, we will attempt in this essay to explore the sphere of negation in which we expect some "empirical effects" of economy to be identified. Our starting point is a series of works by Larry Horn, a genuine precursor of research in this field.

After reviewing some of the previous references to economy in rhetoric, traditional and structural linguistics, and in generative grammar, we will identify some basic issues to be pursued and introduce Horn's dualistic model of inference as a frame of reference. The main parts of this essay will then concern some of the salient cases of empirical effects of economy and anti-economy conditions. First, we will examine cases where economy conditions are respected, i.e., cases of the division of pragmatic labor, in which conflicts of relevant conditions are resolved, as well as those where conflicts are not resolved, with one of the alternatives winning out, to induce an array of different results. Secondly, we will turn to cases where economy conditions are violated. With our proposed condition on economy violations, we will examine what we will call implicit and explicit external negation, metalinguistic negation, and pleonastic negation. Our speculation is that the above typology of negation has unique syntactic bases that provide distinct structural positions for negatives in each case.

While it remains unclear how exactly the structure/function correlations are accounted for in an explicit manner, it is without doubt that economy considerations will play a central role in pursuing the ultimate problem of how language is designed so that it can be used at all.

Chapter 7   Economy and Equilibrium — Sapir, Grice, and Horn

Following the previous chapter, the present chapter is an attempt to pursue basic problems regarding economy in language, especially in pragmatics, that are induced from Sapir's (1921) observations on (anti-) economy phenomena. Assuming Horn's (1984, 1989) dualistic model, a current development of the research program set force by Grice (1967), we will locate economy and anti-economy factors in the overall equilibrium, propose a condition economy violations, and present some supporting evidence from logical semantic, and/or pragmatic effects of Japanese external negation. Coupled with Chomsky's (2001) condition on optional operations in syntax, we conjecture that syntax and pragmatics are isomorphic with respect to economy conditions.

参考文献

Allwood, Jens, Lars-Gunnar Andersson, and Osten Dahl. 1977. *Logic in Linguistics.* Cambridge University Press, Cambridge.

Austin, J. L. 1962. *How to Do Things With Words.* Cambridge, Mass.: Harvard Universiry Press.

Benz, Anton. 2006. "An Introduction to Game Theory for Linguists." *Game Theory and Pragmatics.* (eds.) Benz, A., G. Jager, and R. van Rooij. New York: Palgrave, pp.1–82.

Benz, Anton, Gerhrd Jager, and Robert van Rooij (eds.) 2006. *Game Theory and Pragmatics.* New York: Palgrave Macmillan.

Blutner, Reinhard. 2005. "Embedded Implicatures and Optimality Theoretic Pragmatics." ms. University of Amsterdam.

Bosque, Ignacio. 1980. *Sobre la Negacion.* Madrid: Ediciones Catedra, S.A.

Bouman, Jan C. 1968. *The Figure-Ground Phenomenon in Experimental and Phenomenological Psychology.* University of Stockholm, Stockholm.

Carroll, John M. and Michael K. Tanenhaus. 1975. "Prolegomena to a Functional Theory of Word Formation." *Papers from the Parasession on Functionallism.* (eds.) Grossman, Robin E. et al. Chicago: Chicago Linguistic Society, pp.47–62.

Carston, Robyn. 1996. "Metalinguistic Negation and Echoic Use." *Journal of Pragmatics*, 215: 309–330.

Carston, Robyn, 2002. *Thought and Utterences: The Pragmatics of Explicit Communication.* New Jersey: Blackwell Publishing.

Chapman, Siobhan. 2005. *Paul Grice: Philosopher and Linguist.* New York: Palgrave Macmillan.

Chierchia, Gennaro. 2004. "Scalar Implicature, Polarity Phenomena, and the Syntax/Pragmatics Interface." Belletti, Adriana (ed.) *Structure and Beyond: The Cartography of Syntactic Structures, Vol. 3* Oxford: Oxford University Press, pp.39–103.

Chierchia, G., S. Crain, M. T. Guasti, A. Gualmini, and L. Meroni. 2001. "The Acquisition of Disjunction: Evidence for a Grammatical View of Scalar Implicatures." A. H.–J. Do, L. Domínguez, and A. Johansen, eds., *Proceedings of the 25th Annual Boston University Conference on Language Development*, 157–168. Somerville, Mass.: Cascadilla Press.

Chomsky, Noam. 1955/1956. *The Logical Structure of Linguistic Theory.* ms. Harvard

University [Published partly by Plenum Press, New York, 1975]

Chomsky, Noam. 1965. *Aspects of the Theory of Syntax*. Cambridge, Mass.: The MIT Press.

Chomsky, Noam. 1981. *Lectures on Government and Binding*. Dordrecht, The Netherlands: Foris.

Chomsky, Noam. 1991. "Some Notes on Economy of Derivation and Representation." *Principles and Parameters in Comparative Grammar*. (ed.) Freidin, Robert. Cambridge, Mass.: The MIT Press, pp.417–454.

Chomsky, Noam. 1993. "A Minimalist Program in Linguistic Theory." *The View from Building 20: Essays in Linguistics in Honor of Sylvain Bromberger*, eds. By K. Hale and S.J. Keyser, Cambridge, Mass.: The MIT Press, pp.1–52.

Chomsky, Noam. 1995. *The Minimalist Program*. Cambridge, Mass.: The MIT Press.

Chomsky, Noam. 1998. "Some Observations on Economy in Generative Grammar." *Is the Best Good Enough?: Optimality and Competition in Syntax*. (eds.) Barbosa, Pilar et al. Cambridge, Mass.: The MIT Press, pp.115–127.

Chomsky, Noam. 2000. *New Horizons in the Study of Language and Mind*. Cambridge: Cambridge University Press.

Chomsky, Noam. 2001. "Derivation by Phase." *Ken Hale: A Life in Language*, ed, by M. Kenstowicz, 1–52. Cambridge, MA: MIT Press.

Chomsky, Noam. 2002. *On Nature and Language*. Cambridge: Cambridge University Press.

Chomsky, Noam. 2004a. "Beyond Explanatory Adequacy." Belletti, Adriana (ed.) *Structure and Beyond: The Cartography of Syntactic Structures, Vol. 3* Oxford: Oxford University Press, pp.104–131.

Chomsky, Noam. 2004b. *The Generative Enterprise Revisited*. Berlin: Mouton de Gruyter.

Chomsky, Noam. 2005a. "Three Factors in Language Design." Linguistic Inquiry 36, 1–22.

Chomsky, Noam. 2007. "Approaching UG from below." *Interfaces + recursion = Language?*, ed. by Uli Sauerland and Hans-Martin Gartner. Berlin: Mouton de Gruyter, pp. 1–29.

Chomsky, Noam. 2008. "On Phases." *Foundational Issues in Linguistic Theory: Essays in Honor of Jean-Roger Vergnaud*, ed. by Robert Freidin, Carlos P. Otero, and Maria Luisa Zubizarreta. Cambridge, MA: MIT Press, pp.133–166.

Dowty, David R. 1994. "The Role of Negative Polarity and Concord Marking in Natural Language Reasoning." *SALT* IV, pp.114–144.

Fitch, W. Tecumseh, Marc D. Hauser, and Noam Chomsky. (in press). "The Evolution of the Language Faculty: Clarifications and Implications."

Fodor, Jerry and Ernest Lepore. 2002. *The Compositionality Papers*. Oxford: Clarendon Press.

Fodor, J.A., T.G. Bever, and M.F.Garrett. 1974. *The Psychology of Language: An Introduction to Psycholinguistics and Generative Grammar*. New York: McGraw-Hill Book Company.

Fox, Danny. 2000. *Economy and Semantic Interpretation*. Cambridge, Mass.: The MIT Press.
Frege, Gottlob. 1919. "Negation." *Beitrage zur Philosohie des deutschen Idealismus, 143–157*. rpt in *Logical Investigations*. Ed. by P. T. Geach, New Haven: Yale University Press (1977), pp.31–53.
Fukui, Naoki. 1996. "On the Nature of Economy in Language." *Cognitive Studies* 3, 51–71. rpt in *Theoretical Comparative Syntax: Studies in Macroparameters*. New York: Routledge, pp.337–353; footnotes pp.388–391.
Gazdar, G. 1979. *Pragmatics: Implicature, Presupposition, and Logical Form*. New York: Academic Press.
Givón, Talmy. 1978. "Negation in Language: Pragmatics, Function, Ontology." *Syntax and Semantics 9: Pragmatics*. Ed. by Peter Cole. Academic Press, New York, pp.69–112.
Grice, Paul. 1967. "Logic and Conversation." Ms. Harvard University. A reduced version is published in *Studies in the Way of Words*. Cambridge, Mass: Harvard University Press,(1989), pp.1–143
Grice, Paul. 1989. *Studies in the Way of Words*. Cambridge, Mass.: Harvard University Press.
Gualmini, A., S. Crain, L. Meroni, G. Chierchia, and M. T. Guasti. 2001. "At the Semantics/Pragmatics Interface in Child Language. Rachel Hastings, Brendan Jackson, and Zsofia Zvolenszky, eds., *Proceedings from Semantics and Linguistic Theory* 11. Ithaca, N.Y.: Cornell University, pp.231–247.
Harnish, R. 1976. "Logical Form and Implicature." In *An Integrated Theory of Linguistic Ability*, T. G. Bever, J. J. Katz, and D. T. Langendoen, eds., 464–479. New York: Crowell.
Hasegawa, Nobuko. 1991. "Affirmative Polarity Items and Negation in Japanese." *Interdisciplinary Approaches to Language: Essays in Honor of S.-Y. Kuroda*. (eds.) Georgopoulos, C and R. Ishihara. Dordrecht: Kluwer Academic Publishers, pp.271–285.
Hauser, Marc D., Noam Chomsky, and W. Teumseh Fiech. 2002. "The Faculty of Language: What Is It, Who Has It, and How Did It Evolve?" *Science* Vol. 298, 1569–1579.
Heim, Irene and Angelika Kratzer. 1998. *Semantics in Generative Grammar*. Oxford: Blackwell.
Horn, Laurence R. 1972. "On the Semantic Properties of Logical Operators in English." Ph.D. diss., UCLA. [Published from IULC, 1976.]
Horn, Laurence R. 1984. "Toward a New Taxonomy for Pragmatic Inference: Q-based and R-based Implicature." Schiffrin, D. (ed.) *Meaning, Form, and Use in Context: Linguistic Applications (GURT '84)* Washington: Georgertown University Press, pp.11–42.
Horn, Laurence R. 1985. "Metalinguistic Negation and Pragmatic Ambiguity." *Language* 61: 121–174.

Horn, Laurence. R 1989. *A Natural History of Negation*. Chicago: The University of Chicago Press. Reissued from CSLI Publications, Stanford, 2001.

Horn, Laurence R. 1993. "Economy and Redundancy in a Dualistic Model of Natural Language. *SKY* 1993, pp.33–72.

Horn, Laurence. R 2004. "Implicature." *The Handbook of Pragmatics*. Laurence, Horn and Gregory Ward (eds.) Oxford: Blackwell Publishing, pp.3–28.

Horn, Laurence R. 2005. "Current Issues in Neo-Gricean Pragmatics." *Intercultural Pragmatics* 2-2, 191–204.

Horn, Laurence. 2006. "The Border Wars: A Neo-Gricean Perspective." *Where Semantics Meets Pragmatics*. (eds.) K. Turner and K. von Heusinger. London: Elsevieer, pp.21–48.

Horn, Laurence R 2014. 'Classical NEG Raising: The First 900 Years.' *Classical NEG Raising: An Essay on the Syntax of Negation*. by Collins, Chris and Paul M. Postal. Cambridge, Mass.: MIT Press, pp.ix-xvii.

Horn, Laurence R. and Yasuhiko Kato (eds.). 2000. *Negation and Polarity: Syntactic and Semantic Perspectives*. Oxford: Oxford University Press.

Jackendoff 1994. *Patterns in the Mind: Language and Human Nature*. N.Y.: Basic Books.

Jackendoff, Ray. 1997. *The Architecture of the Language Faculty*. Linguistic Inquiry Monograph 28. Cambridge, Mass.: MIT Press.

Jespersen, Otto. 1917. *Negation in English and Other Languages*. Copenhagen: A.F. H ø st.

Kadmon, Nirit and Fred Landman. 1993. "Any" *Linguistics and Philosophy* 16, 353–422.

Kato, Yasuhiko. 1985. *Negative Sentences in Japanese*. Sophia Linguistica Monograph 19. Tokyo: Sophia University.

Kato, Yasuhiko. 1987. "Negation and the Bridge Effect in Japanese." *Proceedings of the Fourteenth International Congress of Linguists II*. Bahner, Werner et al. (eds.) Berlin: Akademie-Verlag Berlin, pp.969–972.

Kato, Yasuhiko. 1991. "A review, Laurence Horn, *A Natural History of Negation*." *English Linguistics* 8: 190–208.

Kato, Yasuhiko. 1994. "Negative Polarity and Movement." *MITWPL* 24, 101–120.

Kato, Yasuhiko. 1997. "Negation, Focus, and Interface Economy." *Sophia Linguistica* 41, 29–35.

Kato, Yasuhiko. 2000. "Interpretive Asymmetries of Negation." *Negation and Polarity: Syntactic and Semantic Perspectives*. Eds. by Horn, L. and Y. Kato, Oxford University Press, Oxford, pp.62–87.

Kato, Yasuhiko. 2005. "Negative Features and Interpretation." ms. Sophia University and Harvard University.

Kato, Yasuhiko. 2008. "Economy in Language and its Equilibrium: Sapir, Grice, and Horn."

Bulletin of the Edward Sapir Society of Japan No.22, pp.35–46.

Kato, Yasuhiko. 2010. "Negation in Classical Japanese." *The Expression of Negation.* (ed.) Horn, Laurence. Berlin/New York: De Gruyter Mouton, pp.257–286.

Kiparsky, Paul. 1973. "'Elsewhere' in Phonology." *A Festschrift for Morris Halle.* (eds.) Anderson, Stephen and Paul Kiparsky. New York: Holt, Rinehart and Winston, Inc., pp.93–106.

Laka, Itziar. 1990. "Negation in Syntax: On the Nature of Functional Categories and

Ladusaw, William A. 1979. "Polarity Sensitivity as Inherent Scope Relations." Diss. The University of Texas at Austin. [Published from Garland Publishing, Inc. in 1980]

Ladusaw, William A. 1980. "On the Notion *Affective* in the Analysis of Negative-Polarity Items." *Journal of Linguistic Research* 1–2, 1–16.

Levinson. 1983. *Pragmatics.* Cambridge: Cambridge University Press.

Levinson, S. 2000. *Presumptive Meanings.* Cambridge, Mass.: MIT Press.Matsumoto, Yo. 1995. "The Conversational Condition on Horn Scales." *Linguistics and Philosophy* 18, 21–60.

Martinet, Andre. 1962. *A Functional View of Language.* Oxford: Clarendon Press.

Matsumoto, Yoo.1995. "The Conventional Condition on Horn Scales." *Linguistics and Philosophy* 18:21–60.

McCawley, James. 1978. "Conversational Implicature and the Lexicon." *Syntax and Semantics 9: Pragmatics.* (ed.) Cole, P. New York: Academic Press, pp.245–259.

Nagel, Ernest. 1979. *The Structure of Science: Problems in the Logic of Scienctific Explanation.* Indinanapolis/ Cambridge: Hackett Publishing Co.

Newmeyer, Frederick. 2006. "Negation and Modularity." *Drawing the Boundaries of Meaning: Neo-Gricean Studies in Pragmatics and Semantics in Honor of Laurence R. Horn.* (eds.) Birner, B.J. and G.Ward. Amsterdam/Philadelphia: John Benjamins Publishing Co., pp.241–261.

Papafrgou, A and J. Musolino. 2003. "Scalar Implicatures: Experiments at the Semantics-Pragmatics Interface." *Cognition* 86: 253–282.

Paul, Hermann. 1888. *Principles of the History of Language.* [translated by H.A. Strong] London: Swan Sonnenschein, Lowrey.

Recanati, Francois. 2003. "Embedded Implicatures." ms. Insitut Jean-Nicod (CNRS/EHESS/ENS).

Reinhart, Tanya. 1995. *Interface Strategies.* OTS Working Papers. Utrecht University.

Reinhart, Tanya. 2006. *Interface Strategies: Optimal and Costly Computations.* LI Monograph 45. Cambridge, Mass.: MIT Press.

Russell, Benjamin. 2004. "Against Grammatical Computation of Scalar Implicatures." ms.

Brown University.

Sapir, Edward. 1921. *Language: An Introduction to the Study of Speech.* New York: Harcourt Brace Jovanovich Publishers.

Sapir, E. 1933/1949. "La Rearite psychologique des honemes," *Jouranl de Psychologie Normale et Pathologique*, 30 (1933): 247–265. Rpt as: "The Psychological Reality of Phonemes." *Selected Writings of Edward Sapir.* (ed.) D.G. Mandelbaum. Berkeley: California University Press, (1949), pp.46-60.

Sauerland, Uli. 2004. "Scalar Implicatrures in Complex Sentences." *Linguistics and Philosophy* 27, 367–391.

Sauerland, Uli. (to appear) "On Embeddded Implicatures." *Journal of Cognitive Sciences* 5.van der Wouden, Ton. 1997. *Negative Contexts: Collocation, Polarity and Multiple Negation.* London: Routledge.

Saul, Jennifer M. 2002. "What is Said and Psychological Reality: Grice's Project and Relevance Theorists' Criticims." *Linguistics and Philosophy* 25: 347–372.

Seright, O. D. 1966. "Double Negatives in Standard Modern English. *American Speech* 41: 123–126.

Sperber, Dan and Deirdre Wilson. 1986/ 1995 2nd *Relevance: Communication and Cognition.* Oxford: Balckwell.

Ueda, Masanobu. 2005. "On the Scientific Nature of Generative Grammar." Ms. Institute of Language and Culture Studies, Hokkaido University.

van der Wouden. 1977. *Negative Contexts: Collocation, Polarity and Multiple Negation.* London: Routledge.

Watanabe, Akira. 2004. "The Genesis of Negative Concord: Syntax and Morphology of Negative Doubling." *Linguistic Inquiry* 35–4, 559–612.

Yoshimura, Akiko. 2002. "A Cognitive-Pragmaitc Approach to Metalinguistic Negation." *Proceedings of the Sophia Symposium on Negation.* Ed. by Yasuhiko Kato. Sophia University, Tokyo, pp.113–132.

Zipf, George Kingsley. 1949. *Human Behavior and the Principle of Least Effort.* Addison-Wesley Press. Reissued by Hafner Publishing Co. New York, 1972.

ホーン、ローレンス・R.（2018）『否定の博物誌』（河上誓作 監訳、濱本秀樹・吉村あき子・加藤泰彦 訳）東京：ひつじ書房．［Horn, Laurence R. 1989/2002. *A Natural History of Negation.* Chicago: The University of Chicago Press. Reissued by CSLI Publications, Stanford. の改訂版の翻訳］

加藤泰彦（1990）「否定の非真理関数的特性について」『言語障害教育に関する基礎的・応用的研究』（平成元年度学術研究振興資金による研究報告）上智大学国際言語情

報研究所、1990 年 12 月、pp.197–212.
加藤泰彦(1991)「ローレンス・ホーン―自然言語の意味と否定」『言語』Vol. 20、No.3、pp.90–97.
加藤泰彦(1996)「否定とメタ言語」『日本語学』Vol. 15、No.11、pp.35–43.
加藤泰彦(1998)「否定極性の諸問題」『英語青年』144.6、10–12.
加藤泰彦(1999)「サピアの『言語』における Economy の概念についての覚え書」『研究年報』日本エドワード・サピア協会、第 13 号、61–65.
加藤泰彦(2005/2011)「ホーン『否定の博物誌』覚え書(1)–(4)」『外国語学部紀要』40 号、pp.151–170；同 41 号、pp.267–296、同 44 号、pp.261–282、同 46 号、pp.129–152、上智大学.
加藤泰彦(2014)「否定探究―経済性原理をめぐって」上智大学最終講義資料冊子.
加藤泰彦(2015)「サピア意味論三部作」『研究年報』29（日本エドワード・サピア協会）、pp.13–29.
加藤泰彦・吉村あき子・今仁生美（編著）(2010)『否定と言語理論』東京：開拓社.
鬼界彰夫(2003)『ウィトゲンシュタインはこう考えた―哲学的思考の全軌跡 1912–1951』講談社現代新書.
村上春樹(2015)「インタビュー」『Monkey』vol.7、pp.118–160.
太田朗(1980)『否定の意味―意味論序説』東京：大修館書店.
サピア・エドワード(1998)『言語―ことばの研究序説』(安藤貞雄訳)東京：岩波書店.
千葉修司(1997)「否定対極表現と平叙疑問文」平成 8 年度 COE 形成基礎研究費研究成果報告(1)『先端的言語理論の構築とその多角的な実証 (1–A)―ヒトの言語を組み立て演算する能力を語彙の意味概念から探る』125–144(研究代表者：井上和子).
安井稔(1978)『言外の意味』東京：研究社出版.
吉村あき子(1999)『否定極性現象』東京：英宝社.
吉村あき子(2006)「メタ言語否定をめぐる論争の吟味―その示唆するもの」『研究教育年報』奈良女子大学文学部、第 2 号、pp.135–146.
吉村あき子(2007)『メタ言語否定の認知語用論的研究』平成 17 年度科学研究費（基盤研究(c)）(21)科研報告.
吉村あき子(2009)「メタ言語否定とノデハナイ」『研究年報』日本エドワード・サピア協会 23, 25–37.
吉村あき子(2010)「否定と語用論」『否定と言語理論』加藤、吉村、今仁（編著）、東京：開拓社、pp.332–356.

索引

A-Z

default　44
default な解釈　67
default 値　45
FLB (the faculty of language in the broad sense)　87
FLN (FL in the narrow sense)　88
Frege　30
garden-path 効果　84
Grice　11, 13, 33, 77
Gricean Program　94, 116
Grice のモデル　116
Occam's Razor　79
Paul　92
Q-原理　13, 14, 97, 99, 118
R-原理　13, 14, 97, 99, 118
recalibrated　55
RSC (reference-set computation)　48, 57, 62
Reinhart　88
SI の計算　52
SMT (strong minimalist thesis)　28
UG (Universal Grammar)　24

あ

アリストテレス　15

い

イェスペルセン　iii
一方向の非対称的な論理的含意（unilateral/asymmetrical entailment）　42
未だ特定されていない否定演算子　77
意味的回帰特性（semantic recursion）　50
インターフェイス　63
インターフェイス条件　28

え

婉曲表現　100
演算子　75

お

太田　iii, 5, 9, 11, 12
オッカム　87

か

回帰性（recursion）　39
外部否定　121
会話の含意　16, 17
会話の公準　33
獲得順序　74
下限規定　17, 34
活性化の時間的差　83
下方伴立（downward-entailing, DE）　41, 68
簡潔性　6
慣習化（conventionalize）　99
間接的発話行為　37, 98
完全解釈（Full Interpretation）の原理　93
関連性（relevance）　13
関連性原理　117
関連性理論　90

き

聞き手指向　34, 44, 95
記述的否定(descriptive negation)　71
記述的妥当性(descriptive adequacy)　24, 25
記述的・論理的否定　89
疑問・強調の標識　110
協調の原理(Cooperative Principle)　33
局所条件　27
局所的(local)　47, 66
局所的含意の発生　57
ギリシャ古典修辞学　91
均衡　113, 115, 120

く

グライス　11, 13, 77
繰り返し否定　18

け

経済性(economy)　6, 91, 93, 113, 115
経済性原理　30
形式名詞　121
ゲーム理論　98
言外の意味　12, 32
言語獲得　28
言語慣習化された意味　107
顕在的　105
原理的説明(principled explanation)　24, 28

こ

語彙化　16
語彙集合(Numeration)　95
広域的(global)　47, 66
効果　120
後期グライス学派(post-Gricean)　78, 117
構成素否定　18
合成的(compositional)　50
合成的(compositional)な意味　30
構造的要因　4
語用論的含意(pragmatic implicature)　31
語用論的含意の計算　7
語用論的推論　86
語用論的多義性　17
語用論的労力の分業(the division of pragmatic labor)　14, 19, 36, 97, 118, 120

さ

最終手段(last resort)　6, 88, 93
再修正(recalibration)　49
最小労力(the least effort)　6, 7, 93, 118
最小労力の原理(R-原理)　121, 141
最短距離(Minimal Link)　93
再調整　55
最適性理論(Optimality Theory)　67
最適解　8
Sapir(サピア)　92, 114, 122
作用域(スコープ)　3
参照集合計算(reference-set computation)　88

し

字義通りの意味　12
自己破綻　85
自然論理(natural logic)　11
ジップ・グライス的な二つの力の対立(the opposition of the two Zipf-Gricien forces)　34
尺度(スケール)　5, 8
尺度含意の計算　62
尺度含意(scalar implicature, SI)　43, 46
尺度表現(scalar expressions)　16, 31
自由富化(free enrichment)　67

索引　141

順次処理　　88
条件文　　54
上限規定　　34
上限規定の尺度含意（upper-bounding scalar implicature）　　44
上限規定の含意（upper-bounding implicature）　　5, 8, 13, 17, 32, 41, 107
冗長性（redundancy）　　91, 101
焦点化（フォーカス）　　3, 4
情報内容　　96
情報の流れの方向　　36
情報量　　118
叙述　　18
処理時間　　60
新グライス学派（neo-Gricean）　　78, 117
心的機能　　1
真理関数的　　71, 84
真理関数的演算子　　77
真理値の反転　　4

す

随意操作への条件　　123
推論のストラテジー　　99
図形（figure）　　2

せ

成人話者　　84
説明的妥当性　　24, 27

そ

相対的作用域　　121
遡及的　　18, 84
遡及的に再処理（retroactively reprocessed）　　107
素地（ground）　　2
阻止効果（blocking effect）　　19
存在の前提　　86

た

対等の方形　　15
対命題　　84
代名詞回避　　121
多義性の解消　　121
多元システム　　86
多次元モデル　　82, 85
棚上げ（suspension）　　49, 66

て

適切（felicitous）　　32
適用領域（reference set）　　95
伝達されたこと（what is meant）　　116

と

同時処理　　88

な

内在特性　　47

に

二元モデル　　96, 117
二項対立モデル（the dualistic model for non-logical inference）　　35
二重否定　　121
二重否定律　　4
認可条件　　27
認可要素（licenser）　　27

は

排他的含意（exclusiveness; but not both）　　58
橋表現（bridge expressions）　　121
派生過程　　56
派生的　　47

発話されたこと（what is said） 116
話し手指向 34
パニーニ 24
反経済性 115, 119
反経済性条件 103, 105, 111, 123
反経済性の発現 102
反経済的 113
反対 15
反対否定 19
反転 2
反転演算子（reversal operator） 80, 82, 85, 86, 106

ひ

非顕在的 103
非真理関数的 71
否定極性項目（negative polarity item, NPI） 25, 41
否定素性の移動 104
否定の二元性（duality） 89
否定分裂文 54
評価手続き（evaluation procedure） 93
表現形式 96
表示的 47
非論理的な推論（non-logical inference） 31

ふ

不定表現 100
文脈派生 47
文脈的要因 4

へ

ヘルマン・パウル 114

ほ

ホーン・スケール（Horn scale） 31, 42

ホーンの二元モデル 116
補文標識 110

み

ミニマリスト・プログラム 24, 94

む

矛盾 15
矛盾否定 18

め

メタ言語否定（metalinguistic negation） 6, 18, 66, 71, 72, 89
メタ言語否定の（有標）特性 74
メタ表示 90

ゆ

優先の選択 101
有標性 84, 93, 118

よ

幼児 84
用法 75

ろ

労力 120
ローレンス・R・ホーン iii, 9, 11
論理形式 20
論理的含意 15

わ

ワーキングメモリ 60
話者指向 7, 95

【著者紹介】

加藤泰彦(かとう やすひこ)

上智大学大学院外国語学研究科言語学専攻博士後期課程修了。文学博士（上智大学 1985）。マサチューセッツ工科大学（1993–1994）、ハーバード大学（2004–2005）、ユトレヒト大学（2005）、客員研究員。現在、上智大学名誉教授。

［主な著書・編著・訳書］
Negative Sentences in Japanese(Sophia Linguistica 19, Monograph 1985)、*Negation and Polarity: Syntactic and Semantic Perspectives*(Laurence Hornと共編、Oxford University Press, 2000)、『否定の博物誌』（共訳、Laurence Horn著、河上誓作監訳、ひつじ書房、2018）。

ホーン『否定の博物誌』の論理
The Logic of Horn's *A Natural History of Negation*
Yasuhiko Kato

発行	2019年4月15日　初版1刷
定価	2200円＋税
著者	Ⓒ 加藤泰彦
発行者	松本功
装丁者	大崎善治
組版所	株式会社 ディ・トランスポート
印刷・製本所	株式会社 シナノ
発行所	株式会社 ひつじ書房

〒112-0011 東京都文京区千石2-1-2 大和ビル2階
Tel.03-5319-4916　Fax.03-5319-4917
郵便振替 00120-8-142852
toiawase@hituzi.co.jp　http://www.hituzi.co.jp/

ISBN978-4-89476-803-1

造本には充分注意しておりますが、落丁・乱丁などがございましたら、小社かお買上げ書店にておとりかえいたします。ご意見、ご感想など、小社までお寄せ下されば幸いです。

刊行書籍のご案内

否定の博物誌

ローレンス R. ホーン著

河上誓作監訳　濱本秀樹・吉村あき子・加藤泰彦訳　　定価 8,800 円＋税

本書は、否定研究の第一人者 Laurence R. Horn の大著 *A Natural History of Negation*(2001, 第 2 版)の翻訳である。自然言語の「否定」に関する先行研究を詳細に検討の上独自の分析を提示したもので、まさに否定研究のバイブルである。Horn は今回の翻訳に際し、本書を「第 3 版」と見なし「第 3 版の終章」を新たに書き加え、最新の否定研究の解説と文献を追加している。